湛庐文化 Cheers Publishing
a mindstyle business
与 思 想 有 关

数据之王

未来没有一家公司，不是数据公司
未来没有一个人，不是分析师

从“反判少年”到“中国数据化思考领先人物”

每天早上四点半，车品觉会准时起床“做功课”。前一天骂过的人，相处不融洽的人，他都会念佛给他们。这个念佛的过程，不仅是一次自省自觉，也是一次内核的自我修复。在这一次次的顿悟中，这位被阿里十分器重的前任副总裁，更是收获了一份与众不同的关于大数据的珍贵思考。

车品觉，1965 年生人，才刚刚度过知天命的年龄，就已经是中国数据化思考的领先人物了。这样一个在商界有如此成就的人，在年少时却是一个反判少年，说出来估计谁都不会相信。

1965 年之后的香港，正处在一个从文化到商业等各个领域都欣欣向荣的转型期，车品觉就出生在这一时期的一个高知家庭中。他的父亲是一位工程师，母亲是一位英语老师。虽然出身如此，但他从小就不循规蹈矩，经常做错事，而且很贪玩，也不喜欢念书。不过，他的父亲并不以传统的方式来教育他，因为父亲一直都很清楚，人的命运是多变的，也意识到培养儿子的逻辑思考能力和独立人格尤为重要。

不知不觉，车品觉在“叛逆”中长到了 14 岁。那个时候的香港，有条件的年轻人都想去英国留学，接受优质的教育。所以，“浪子回头”的他也向父亲提出了留学要求。父亲告诉他：“没问题，你去英国读书我绝对支持，但是你要记住，所有除了经济以外的事情，全部靠你自己。”对于一个 14 岁的孩子来说，自己申请留学，犹如面临人生大考。虽然经历了很多困难，但他还是自己完成了父亲开出的条件。正是在这一阶段，车品觉的独立人格开始养成。

咏春拳里的“问手”，它并不能用于过招，而是寻找答案的一种方式。你一碰，它就有答案。你不动，它不动，而且它会避开，你只能寻找破绽再出击。“问题”是用数据来拿数据，而“问手”就是用一个问题引出另一个问题。

车品觉陆续在美国、英国、澳洲等地接受过西方教育，曾在新南威尔士大学、INSEAD 商学院及清华大学经管学院等世界一流学府进修，并先后在汇丰银行、微软、eBay 等多家著名跨国企业担任管理职务。多元的生活环境，国际化的教育背景，丰富的互联网工作经历，让他形成了思考问题的独特性、敏锐性。在大数据的商业环境里，他既懂数据，又懂商业，还自己挖掘了一套好的思维方法，也就是数据化思考。正是这样一个崭新的事物，带领阿里走上了数据化商业之路。

在商场中，车品觉是能看见未来的智者，不断地提高着自己的“修为”；而在日常生活里，他也一直在“修行”。2010 年，车品觉发起了公益项目“桑珠助学”，不工作的时候，他的多数时间都花在“拉赞助”上。迄今为止，整整 7 年，从他自己到他的朋友、师长、同事，在这一次次的善举中，他收获了舍与得的智慧。而这种智慧，也成了他商业理念的智识源泉。2014 年，在他又一次进藏看望孩子们之前，他出版了自己的个人首部专著《决战大数据》，并将所得版税全部捐献给了“桑珠助学”。

THE
NATURE OF
BIG DATA

THE NATURE OF BIG DATA

阿里数据化之路开拓者
红杉资本中国基金、京东金融专家顾问

车品觉当时进入阿里时，有那么点因缘际会的意味，但又不得不说，这一切似乎又是“众望所归”。当时，车品觉已经是数据界的“老江湖”了，他很善于用数据帮自己设计、优化和迭代产品，因此经常有公司邀请他去做知识分享。而有一天，他收到了来自支付宝的邀请，并被支付宝 CEO 彭蕾假借“聊天”为由、实为一场面试请进了支付宝。

加入支付宝之后，车品觉开始大刀阔斧地组建数据分析团队，并开始别具一格地用运营产品的方法去带团队。在这个过程中，车品觉先带领团队制作了帮助高管层看数据的“观星台”，又做了帮中层管理者看数据的“地动仪”。虽然“观星台”和“地动仪”效果显著，但仍然只是传统的分析工具，还未达到预测行为的目的。因此，他又带队做了能够帮助用户在 3 秒钟内看到不同标签消费者消费行为的数据产品“黄金策”。

两年后，车品觉被阿里组织部点名重建淘宝数据团队，这意味着要重新“再打一仗”。淘宝本身就是一个非常复杂的生态圈，只用像支付宝那样的顶层设计和数据产品的方法来做淘宝的数据体系，是不可能做好的。此时，车品觉关于数据化思考的理念再一次发挥了关键作用，当时他做了一个非常重要的决定，就是借助移动终端的发展重建数据平台。事实证明，他的决断恰好顺应了经济发展的趋势和潮流。在阿里，车品觉还做成了一个非常重要的项目，现在回过头来看，其实是一个巨大的考验，那就是马云“钦点”的聚划算自动化项目。从此，聚划算将人的因素完全从决策中排除了出去。

在短短5年中，车品觉成功将阿里转型成了一家数据公司，盛誉之下的支付宝、数据技术及产品部就是他一手带大的团队。从阿里离开之后，他一直致力于推动数据的流通与共享。同时，他被国内众多顶尖的企业诸如红杉资本中国基金聘请为专家合伙人，并担任国家信息中心下属的国信优易数据研究院院长，同时还是Talking Data、京东金融、唯品会、贵阳市的大数据顾问。在大数据界的深耕，不仅让车品觉收获了数据化思考的智识，更获得了很多荣誉：2014年，他领导的阿里数据团队获得Top CIO评选的中国最佳信息化团队奖，而他自己在2017年，被国家信息中心选为中国十大最具影响力大数据企业家。

对于大数据从用到养、从看到用，车品觉有着一套自己的行为逻辑，深深影响了一批数据公司的商业决策。他相信，大数据是未来经济的活泉，将成为这个智能商业时代的核心。

THE

NATURE

OF

数据的本质

无人不是分析师

车品觉◎著

BIG

DATA

大数据的下半场，如何创新数据生态

杜　平　研究员
国家战略性新兴产业专家委员会秘书长
国家信息中心原常务副主任兼国家电子政务外网管理中心主任

品觉让我为他的新作《数据的本质》写序，我虽然感到有些勉为其难，但还是很高兴地接受了邀请。

我与品觉从只闻其名（包括其声望）到见其真人，从只在不同会议上听他演讲或只听我讲，到坐下来互讲（典型的场景就是一起喝茶聊天），我感到我们对一些理念及判断事情的大逻辑都在不断积累更多共识。这也是我之所以愿意写下这篇小文的基本动机。当然，能够先睹其书为快，也是动力之一。

初看书稿的直觉感受就是，品觉围绕“数据的本质”这一主线融合了故事化和平实的语言风格，值得愿意了解大数据或从事大数据工作的读者读下去。在进一步品读之后，进而沉淀下来一些碎片化思考，同时也启发了我的一些联想。

其一，无论是企业行为或是政府决策，还是个人文化和心智修为，判断世间千人万物，甚至是力图洞察时空转换之宏大宇宙的变化等，都可以也应该嵌入数据化思考。当然，这不是要所有人都去搞大数据，建议连这一点都想不通的人不要去凑大数据的热闹。数据化思考正是我们在 IT 时代或 DT（数字科技）时代需要坚持的一个基本理念。正如书中所言："当我们将宇宙这个大宝库悟到极致时，真正的大道至简，也就离我们不远了。"

其二，人们研究并开发利用的绝大部分数据是无用甚至是有害的，这个过程是一个既枯燥也不确定其使用价值和价值的持续性过程。但是，是否可以找到一些好的办法和简单的规律（即所谓的捷径或窍门），使数据活起来、用起来呢？否则，我们发展大数据有何意义？通过《数据的本质》这本书以及品觉的首部个人专著《决战大数据》，我们似乎增强了许多信心。至少从方法论的角度思考，品觉在书中提到的《孙子兵法》和李小龙的武功心法都值得借鉴。再具体一点，就是书中对有意布局数字经济的企业提出的 8 条建议也值得思考。虽然我自己认为，乍一看这 8 条建议时印象并不深刻，企业也无法马上就能够做到融会贯通，但我相信，结合品觉介绍的诸多案例来思考这 8 条建议，再结合企业家自身的实际情况，定会形成自己独到的心得。

我想，这也正是品觉写下《数据的本质》这本书的初衷吧。

其三，从事大数据工作的各类人才或者有志于布局大数据的企业家和投资人在进行数据化思考时，还有一个基本原则，即需要时刻想到、意识到“关联”二字。关联既包括找出数据与数据之间的关联性，也包括处理好数据从自动生成到传输存储，再到加工挖掘再到流通交易，再回到对源数据生成及其采集流程的有针对性地再造。这一循环各环节缺一不可，同时，这一过程中需要相应地建立起人与人之间的信任基础以及互利互惠的长效可持续机制。否则，就算我们手中拥有再多、潜在利用价值再大的数据，也难以实现其实际效用。同时，与这种关联相关的也是最重要的前提条件是，要学会感恩。品觉很幸运地碰到了一些高僧大德或前领导、前合作者（也就是他在书中明确提到的数据之王们），他们在品觉决战大数据、觉悟大数据的过程中给了他难得的真诚帮助和支持。我认为，这也是大数据应用的魅力所在。

由于多年来我主要是看文件和写文件，所以认认真真看完的好书并不多，临时想引经据典以示学问水平，但也自觉有些虚伪，还是本色表演，说点所思所想作为序吧。

THE NATURE OF BIG DATA

推荐序二

大数据的无限可能

谢　炳

正大集团资深副董事长

正大制药集团董事长

与品觉相识一段时间，多少次听他讲对互联网、大数据应用的感悟和展望，一幅幅未来社会的崭新图景不断闪现在眼前。品觉在大数据领域的大胆畅想和勇敢尝试，在这个领域深度探索这么多年，积累了“一览众山小”的丰富阅历和资本，还怀有这么高的热情，这种不服输、赌一把的性格让我非常钦佩。

当今社会，移动设备应用、电子邮件、社交媒体、数字化商务等，每分每秒都传递着海量的数据和信息，大数据连接着你我、关联着万物。大数据应用带来的颠覆性革命重塑着一个又一个传统产业的业态，这种重塑的速度在加快，延伸的范围在扩展，传统企业的当家人一觉醒来就会忽然发现一种新的打法，深感措手不及，反应慢的还没有理出个子丑寅卯，恐怕就已经被打得七零八落。这种变革不时在我们身边发生，尤其是基于数据的创新正在使人类社会各个领域的发展产生不同以往的飞跃，这种飞跃已经远超前人的想象。

今天我们也在全面布局互联网和大数据的应用，《数据的本质》这本书凝聚了品觉十几年来丰富的大数据实战经验，字里行间蕴含的智慧引人深思。看完这本书对我的启发非常大，作为运营数据的先行者，品觉正以自己多年的实践和思考引领读者一探大数据应用的无限可能。

世界信息技术领先的美国在大数据应用方面已经创造了很多经典范例。它一方面凭借对数据的有效收集、处理和分析，实现了有效的社会治理和管控；另一方面则以数据为基础推进了各个领域的商业创新，塑造了互联网时代新的产业形态。

中国互联网、移动终端的用户规模已经位居全球第一，拥有丰富的数据资源、客户资源和应用市场优势。大数据部分关键技术研发实现了突破，涌现出一批互联网创新企业和创新应用，大数据产业进入蓬勃发展时期。

大数据的应用推动了知识经济和网络经济的发展，中国经济由粗放向精细、从“制造”向“创造”的转型升级，离不开对大数据的挖掘和应用。更多数据资源的共享和应用，极大地促进了创新资源的自由流动。对于现代企业来说，洞察数据背后的本质，挖掘数据的潜在商业价值，对于企业提升自身的核心竞争力，进行战略布局和业务创新，都具有重要的意义。

正大集团当初进入制药行业、能源化工产业，都是基于对社会需求的感知，涉足相关领域后也一直关注前沿技术，把产品的研发作为重要的立足根本。目前尽管正大集团已经在行业内占有一席之地，但当我们看到随互联网应用而崛起的大数据带来的惊天变化时，仍然感到巨大的震撼和压力。

目前，全球已进入第四次产业革命时代。虽然各国对产业革命的理解和实施有所不同，但背后的推手和发展方向完全一致，即全力推动大数据发展。 美国提出的“工业 4.0”在优势的互联网产业上延伸，通过大数据分析等工具，推动数字化技术，重塑制造业。德国版的“工业 4.0”则重点是将信息技术融入传统产业，增强生产过程中的大数据智能应用，主要体现在智能工厂、智能生产和智能物流等方面。

当今中国在某些科技领域与国际先进水平还存在一定差距，但令我们自豪的是，在互联网应用领域，各种灵活的创新已不输世界先进国家。比如品觉曾负责的支付宝、淘宝以及他最终负责的整个阿里集团的大数据工作，开发了很多创新应用，赢得了很好的用户体验。机缘巧合，当我们尝试推进医药健康领域的“互联网 +”业务时，有幸结识了品觉，接触到汇集品觉大数据应用实践经验和智慧的著作《数据的本质》。作为大数据应用实践的身体力行者和资深的数据分析师，品觉十几年的探索过程值得每一位读者像对待大数据一样，好好去挖掘、体会和借鉴。对于有志于依托大数据推进变革的企业家而言，《数据的本质》这本书中蕴涵的价值更是不言而喻。

财富蕴藏在细节中。品觉带领他的团队对大数据应用的深度挖掘、务实操作、不断探索和思考，给我们提供了另外一笔巨大的智慧财富。我相信，每一位读过此书的读者都会从中受益。

学习如何学习的能力

杨　强
香港科技大学计算机系主任

如果说这个时代是大数据时代，那么大数据和我们的工作、生活又有什么关系呢?

长久以来，大数据被媒体和企业渲染成无所不能的神奇武器。有人说，大数据可以用来做预测和发现新商机，造就企业竞争的新机会。但是，从媒体和电视上看到的大数据经常离我们很远。而我们忽略了一个事实：大数据其实和我们每个人的工作和发展，以及人生的重要决策都息息相关。

多年前，全球数据大概以每天 100GB 的速度增长，而现在已经远远超过这个水平了。随着数据的增长，我们每个人的决策能力不是增强了，而是大大减弱了。这是因为，我们做决策是有成本的，数据的增加反而使得我们决策差异化的能力变弱了。而这种能力是随着对大数据的认知和处理能力而变的。如果把大数据看成是一个棱镜的话，那么我们每个人就是在这个棱镜上的一束光。这束光可以通过大数据产生一个光谱，从而显示人和人之间的不同，也就是差异化。人和人之间的差异化，在品觉的这本书里被分析得非常深刻。品觉把数据带来的这种新能力比喻成一个武功高手。在和别人比拼时，需要经过四个过程：观察、判断、决策和行动。这四个过程的每一步，不管是在企业，还是在个人发展方面，都对应着大数据的四个关键方面。

可以说，品觉这本《数据的本质》为我们带来了一种观察和应用大数据的全新视角与观点。这个观点告诉我们，数据能够提供一种“学习如何学习的能力”。而这个能力可以用来判断环境的改变、了解行动的过程。在万物互联的今天，这种新观点可以让我们找到合适的切入点，并且能够设计生生不息的数据场景，能够产生新的知识点，并利用人工智能自动化的知识增强能力，提高企业和个人的价值。

品觉这本书中一个贯穿始终的观点是，一个人或者一家企业如果要成长，都需要保持一种开放的心态，经常去考问自己和换位思考。一个好的方法是，把自己当作一件产品去思考，然后从大数据价值的角度，考虑自己如何在市场上获得竞争力和差异化。所以，品觉的这本书既可以当作数据分析师和企业大数据化的范本，又可以当作个人成长中管理知识的座右铭。在这个大数据类图书满天飞的时代，这样的观点和角度真的是为我们带来了一股春风。

自醒自觉，不被数据牵着走

陈煜波
清华大学经济管理学院副院长
互联网发展与治理研究中心主任

作为相识多年的老友，每次和品觉聊天，无论是聊电商、数据、公益，还是聊《周易》、人生，总感觉一切都颇如他的名字“品觉”。读品觉这本《数据的本质》，就像和他喝茶聊天，字里行间不经意地便会冒出一个个思想的火花，值得细细品味。品觉是一位思行合一的思想者，这本书凝聚了他多年来的大数据实践和思考，既分享了大数据商业决策的心得，也体现了一位资深数据分析师世事洞察的人生智慧。

大数据对商业的影响正逐渐从数据化运营向运营数据转变。作为这个领域的先行者，品觉和我们分享了如何通过数据应用闭环系统，从数据驱动的决策入手，到基于大数据展开组织生态、商业模型的战略布局和创新，从而树立企业的核心竞争力。十年磨一剑，这个闭环系统是他基于自己这些年的心路历程，践行思考出的大数据背后的术道势。

大数据的价值不仅体现在知识的积累，还体现在它帮我们学会如何思考。在大数据与人工智能时代，知识越来越成为一种廉价的大宗商品。随着数据的积累，如何通过数据洞察其背后的本质，而不是盲目地被数据牵着鼻子走，从而形成独立、有批判性的分析思考能力，在大数据时代比任何时候都显得更加重要。品觉所特有的逆向思维恰恰是这种思考能力中最为关键的一种。无论是他发现的信息不对称背后资讯传播的规律，还是从竞争对手、小偷或产品的角度思考问题，或者是大智若愚般的人生态度，都将帮助我们更好地自醒自觉。

THE NATURE OF BIG DATA

目 录

第一部分

数据主义，未来一切都将数据化

THE NATURE OF BIG DATA

引 言

我们为什么要认识数据的本质

一场以大数据为核心的智能盛宴

时下仿佛大家都在谈人工智能，就像当年人人都在谈大数据一样。大数据时代源自应用所产生的巨量数据，比如微信、淘宝。但是，随后大数据反过来成为应用创新的核心，这个循环无疑为我们带来了一种全新的创新型态，那就是：用数据做好产品，用好产品拿到更多数据。

在不同场合上，阿里巴巴的马云、百度的李彦宏及腾讯的马化腾分别谈过自己对人工智能的看法和观点。这种对话有点儿像金庸小说中的华山论剑。到底是气宗（大数据）还是剑宗（人工智能）更有战略意义？我认为，两者是相辅相成的。经历了互联网最近 20

年的发展，我们已经积累了足够多的数据去驱动一场“智能盛宴”，以大数据为核心的人工智能渐露端倪。

2010年，“数据科学家”这个称谓的发明者帕蒂尔（D.J.Patil）和杰夫·哈默巴赫（Jeff Hammerbacher）认为，一切应该以产品为中心，从数据获取、数据清洗、搭建和管理数据设施、原型开发、产品设计等方面，去实践数据的价值。我在阿里就经历了从“数据产品”到“数据作为产品”的阶段，后者其实才是大数据的真正产物，也是人工智能的源泉。

谁掌握“完美信息”，谁就将拥有整个世界

刚开始进入数据行业时，我一直秉承着这样一个理念：在“假设数据都是可获取的”基础上，思考问题。随着整个社会数据化程度的进一步加深，以及人与物之间的高度互联，以前很多信息的盲点被快速解开。由不同领域积累下的数据形成的“完美信息”渐露端倪，这其实是一个数据从量变到质变的过程。这一“完美信息”具有无限潜能，足以让人工智能所向披靡，催生各种智能场景，并让其如潮涌至。智能时代，秉承“假设数据都是可获取的”这一思维方式，才可让你比别人更胜一筹，从而做到心中有数。

现实中，我们从数据收集、整合、判断，以至行动、再到反馈的过程并不完美，而形成数据闭环系统的阻力往往是人为因素居多。谷歌无人驾驶汽车项目的伟大之处正是给了我们重要的启发，让我

们意识到自动化及智能化所需要的数据闭环系统是如何做到了既封闭又开放，其中的里应外合正是未来的发展趋势。我在阿里就经历了 4 个不同阶段：数据驱动决策、数据驱动流程、数据驱动产品、数据驱动业务。在此过程中，你会发现，数据驱动的目标越模糊、数据越零散、人的互动环节越多，智能项目开展起来就越吃力。

从数据战略到数据治理，别让数据成为累赘

如前所述，数据资源的积累是发展数字经济的前提。企业在向往智能时代所带来的机遇的同时，更要为企业的未来目标制定数据战略。企业不仅要关注自己现在有什么数据，更要了解未来会欠缺什么。然后，再去探讨欠缺的部分有多少可以靠自己补充，有多少需要求助他人、与他人合作以实现补充。有人把数据比喻为电能，这个比喻很生动，但与电能不一样的是，数据是可以被重复使用的。所以从战略意义上来说，第二使用权的合规性变得非常微妙。

大数据背后的逻辑是数据积累越多越好，在过去两三年，很多企业都相信有了大量数据资源后，就能对企业的业务产生更大价值。但人们往往很快就会发现，除了技术能力之外，如何妥当地管理、利用这些资源并非易事：安全合规是一方面，降低数据使用的阻力及风险也是困难重重。所以我一直倡议，数据治理不是数据部门的工作，而是公司总体的战略。这意味着，“本性纯善”的大数据也容易变成一个累赘。

数据是一种信仰，“善”用才是本质

2016年，一场围棋大战让人类引以为傲的智力顶配瞬间被AlphaGo践踏得体无完肤。而在我看来，这场大战其实不过是一帮人赢了另一帮人，而且大部分人仅注意到了智“能”，而忽略了它与智“慧”的差别："能”是能力的表现，而“慧”是心除杂念，将智能用在具有普世价值的地方。同样的科技能力是被善用还是被滥用只有一线之差。

几千年来，人类习惯了生存在信息稀缺的年代，大数据与人工智能则为人们带来了曙光，同时也引发了担忧。暂且撇开我们会不会被机器人侵略这个问题，人类真的已经充分利用了自己的潜能了吗？数据是一种信仰，我们应该善用这个宝藏，为人类创造更美好的世界。

我们过去常说："数据不仅是企业与企业之争，更是国家与国家之争。”但是在不远的未来，数据驱动的算法将会影响人类生活的方方面面，若想在社会中获得竞争力，我们无可避免地必须成为自己的分析师。

经历了这大半人生，作为数据分析师，我希望借助《数据的本质》这本书，在我人到中年时，交出一份人生中期职业报告，把自己的所见、所学汇总在书中，这样，既作自娱亦可作他乐。

最后，感谢大家多年来的支持！

大数据的下半场，

企业与个人如何让数据从看到用？

作者车品觉深度视频访谈为您揭晓，

瞬间扫码观看。

THE
NATU
OF
BIG D

RE

ATA

第一部分

数据主义，
未来一切都将数据化

雁过留声，踏雪留痕。

如今，人类已经不可逆转地步入了“量遍天下”的大数据时代。在万物皆互联、无处不计算的环境下，数据量每年呈 50% 的速度增长。一直以来，我周围的朋友问我最多的一个问题就是：“大数据的本质是什么？数据体量的背后隐藏着什么样的诱惑？”我认为，最好的比喻莫过于拼图：如果你玩过一个 1 000 块以上的拼图，应该不难体会，开始的 5% 拼起来最为吃力，拼了 25% 后，你就渐入佳境了。而其中每一块拼图对完美信息（perfect information）的贡献都是不一样的。几千年以来，起码在大数据未出现之前，我们都活在信息极度稀缺的年代，甚至把自然规律诉诸于命运与鬼神，思考方式也被压抑。计算机除了具有强大的计算能力和存储能力之外，更是加速了全民数字化的步伐；互联网技术的快速发展为信息的连接与互通造就了条件；各种智能终端（包括智能手机）的普及让大数据、人工智能的应用成为相互加强的闭环系统。我把这个闭环系统称为数字经济引擎。如今，我们正在数据化这个世界，在这个过程中，各领域中的数据拼图组成的“数字天书”也将呼之欲出。

01

THE NATURE OF BIG DATA

大数据不是独奏，而是不断连接、

无处不在的数据

THE NATURE OF **BIG DATA**

未来人人都是分析师

- 商业基础正因众多终端带来的全域大数据而发生着改变。
- 当下不认真对待数据，之后想要用好数据的时候，就会被死死卡住。
- 数据的价值，必须来自场景。
- 移动大数据的核心重在实时（real time）、适时或最佳时机（right time）以及全时（all the time）。
- 最大的数据来自最小的设备。
- 开启“上帝视角”是未来趋势。

三五年前，我们还在为移动化兴奋不已，而今天已开始面对全域大数据，面对四面八方的传感器，大数据已经完全不是移动化这么简单了。智能手机是一个超级终端传感器，但未来还有智能电视、智能家居、物联网汽车……我们将实现与所有东西的连接和互动。随着无处不在的终端开始收集越来越多的数据，将来有一天，无论你去哪儿，都会留下“脚印”。我们收集到的数据会越来越全，这虽然令人兴奋，但从伦理道德的角度看，却可能很危险。

全域大数据时代

我们应该清楚地认识到，**商业基础正因众多终端带来的全域大数据而发生着改变**。它带来的变革不限于数据本身，还有思考社会和商业模式将如何被改变的全新角度。在全域大数据的大潮之下，每家公司都要重新思考，当互联网的场景从单一的桌面转移到多源、多终端时，不仅会带来丰富的空间维度，还会增加更多从前匪夷所思的新场景所产生的数据。

这么多零散的数据和维度叠加在一起，下一难题就变成了如何保证有效地存储、更新、辨识和连接这些数据，并灵活地使用它们。这么多数据的作用是什么？从古至今，每当人们遇到困难时，都会从自己或他人的经验中寻找解决办法。无论成败，积累的经验会成为衡量下一个同类决策的基础。这种决策过程循环往复，我们的预测能力越来越接近现实，而数据就像是我们的瞄准镜。

以前，我们知道的信息不全，但在未来，我们会因为拥有全域大数据而变得更见多识广。举个例子，你每天开车去公司的途中到了某个路口时会习惯性认定左拐是最快捷的选择。偶然有一天你发现，很多同事都会在同一个路口右拐。好奇心让你询问了几位同事，才发现原来右拐更便捷。这个例子暴露出，我们过去获取信息的意愿、方法或条件并不充分。

在移动互联网时代，预期之外的大数据不断出现，人们对周边环境的感知能力伴随传感器数据，发挥了极大作用。而这些促进今天的人工智能进入发展的新纪元。

在我看来，开启“上帝视角”是未来趋势，这无疑是激动人心的。这些数据都可以沉淀，复杂的数据环境给我们带来了巨大挑战，但同时也为我们带来了前所未有的机遇。在机会面前，我们还不够明智，做起事来仍然各自为政。每家公司、每个人都想独自画出数据链上的全景图。我就曾见过同一家公司内的各事业部，都在做自己的软件开发工具包（SDK）以收集数据，他们没有分工，也没有标准化的讨论，所得数据之乱可想而知。

我们还忽略了数据的一体性。**当下不认真对待数据，之后想要用好数据的时候，就会被死死卡住。**的确，当公司规模生态还很小时，我们会觉得数据的质量问题不值得注意；但一旦我们想精准地应用数据时，就会发现曾经的“差一点儿”已成了云泥之别。

在线的数据，才是数据

我们应该清楚地认识到，商业的基础正因移动互联网的普及而改变。比如，美国一家初创公司 Appsee 提供的移动产品分析中，有些功能就很有意思。例如使用“use recording”（不同于收集）记录下用户使用 App 时的行为，包括点击、滑动、放大、摇一摇等各种动作，从而可以了解用户的兴趣、意向和需要。

THE NATURE OF BIG DATA
智能商业的未来

移动化带来的变革当然不限于数据分析，但这无疑是最为敏感的。你是否已经用全新的角度去思考无线业务做得好不好？在移动化大潮之下，每家公司都要从上到下重新思考。不过，当数据从传统 PC 端转移到移动终端时，我们往往会遇到两大误区。

第一个误区是把智能手机当作一个新增的媒体渠道，相当于另一个屏幕，这是完全不够的。手机作为功能设备产生的行为数据，不仅有时间维度，还有空间维度和社交维度，这么多维度叠加在一起，分析的层面和方式也远远多于传统网页。

第二个误区是用同样的方式考评 PC 端和移动终端。在 PC 端，我们更关注流量转换的指标，而移动终端更在乎的是参与度，例如用户在一个 App 的停留时间、是否愿意接收提示、版本更新等。手指信息如点击、滑动、放大、摇一摇等，在无线时代均会成为关键。

与大数据的 4V（量大、多样、速度、价值）相比，移动大数据的核心重在实时（real time）、适时或最佳时机（right time）以及全时（all the time）。任何一个完整的高效服务都离不开这 3T。

以零售业为例，实时是实时数据的获取和推送能力。未来我们将通过智能手机或智能穿戴设备，赢得越来越多接触用户的机会。这些机会将为我们提供大量的时空信息，把每一刻感知到的用户数据延续，就是全时。

有了这种感知能力之后，你如何知道何时是推荐服务的最佳时机呢？这时就必须要有全时的数据收集，才会知道用户的需求规律以及营销的关键点并做到有效触达。只有在具备 3T 的能力下，你才能明确在什么地方、什么时间点，给什么样的用户、什么样的特别优惠。你已经熟知用户过去的消费习惯，甚至行路习惯，所以才会知道第二天下午一点半推荐一杯半价咖啡将是非常有效的促销方式。

最大的数据来自最小的设备。手机会变得越来越智能，它可以“感受”，可以处理文字、图像，可以通过网络连接你身边的一切。这是最完美的集中，这不是一种创新，而是“一群”创新。

未来，没有谁会比你的智能手机更了解你，它甚至会了解你的情绪，而无须自然语言。智能手机将成为你的数据收集者，也会成为你的数据守门员。智能手机能判断可以将哪些数据分享给哪些商家；而商家自己都不用建立数据库，它的数据存储在每个人的云空间，只要被授权就可以拿出来用。这将会是用户、数据和商家之间的一种全新关系。

用数据获取更多数据

很多人同时拥有智能手机、个人 PC、平板电脑等多个数码设备。比如，某个人拥有两部智能手机、一台 iPad、三张信用卡，而且每天都登录你的网站。在这种情况下，你能否知道这是同一个用户？你有没有这种识别能力呢？通过信用卡，银行虽然可以识别静态个人的身份，但缺乏辨别当用户使用电脑、智能手机或平板电脑等更多元的网上浏览设备时的身份的能力。

有谁能够识别这三种设备和三张信用卡背后的用户是一个人？企业有多大的能力去识别一个“碎片化了的个人”，将是一个巨大的考验，也会是一个巨大的机会。

在识别过程中，分辨用户其实并非难事。比如，企业可以查看用户电脑里的 cookies，以此获取用户的 E-mail 地址、网购时的收货地址，甚至私人手机号码、亲密联系人、信用卡与身份证信息，等等。以上这些信息都可以作为鉴别“碎片化了的个人”的依据。

需要注意的是，这些属性有些是唯一的，有些却不是，但它们依然有很大的参考价值。比如，你经常会将手机或电脑借给别人吗？当然不会。那么信用卡呢？想必应该更不会外借了吧！

了解了身份识别的方式之后，我们就可以把散落于网站内外的行为数据串联起来。不同的网站，收集到的数据是不同的，数据的价值也千差万别。如果某个网站连接了你三台设备和三张信用卡，那么这个网站收集到的内外数据就很容易将你识别出来。所以，**是否知道用户是谁，决定了企业数据收集行为的意义大小。**

现在，大数据的价值吸引了很多企业和组织的兴趣，因此它们非常重视数据的收集与存储。但是，在现实操作过程中，问题仍然层出不穷。大量的碎片化数据是噪声，让事实串联本身变得非常困难。而值得思考的另一方面是：当我们把这些枯燥的数据串联起来时，就一定能代表事实吗？

假设早上你从家步行至地铁，忽然想起明天是太太的生日。途中路经了一家首饰店，你在外面看了一下，便被其中一个橱窗里的一副耳环吸引了。你走进店里，看了多个款式，但不是价格太贵，就是不知道太太会不会喜欢。结果，因为赶时间上班的关系，你没能买上心仪的礼物。坐地铁去公司的途中，你还是不甘心，于是用手机淘宝又搜了一下，期望可以找到早上看到的心仪款式。可惜，你真的不知道该如何形容那副耳环是什么样子，于是你不得不重新花时间利用关键词搜索一下碰碰运气。结果，你如大海捞针一般毫无收获！

从首饰店的角度来看，肯定也想了解这些信息：每天都有什么人在店外经过？进店的顾客是熟客还是新客户？他们有什么喜好？他们是受什么的吸引进店的？他们有没有明确的需要，在店内看过什么，又买了什么？店员如何知道要不要推荐什么给这位顾客？即使顾客没有当场购物，有没有可能在其他渠道重新唤起他的需求？这些一直以来都是零售业梦寐以求想要解决的问题！

以上情况随着智能手机的普及、各类传感器包括 RFID（射频识别技术）的使用，以及人脸识别和视频分析的进步作为支持，大量线上线下的消费者活动行为被大量收集和打通。零售商和消费者开始从应用中感知到当人（消费者）、货（商品）、场（渠道）这三种数据的高度连接所产生的“完美信息”及洞察力，而这意味着更贴心的服务和更多商机。最近有人就把这场革新叫作“新零售”。其实这样的情况又何止是在零售业有出现，社会正达到一个新的临界点，虚拟与现实的边界进一步被拉近。如今，互联网虚拟世界的线上数据正在反哺线下场景，线下场景也在不断弥补线上的不足。这个循环正是用数据去取得更多数据的典型。

数据的价值，必须来自场景。很多看似无关紧要的东西都在场景里，而在无线移动终端的世界里，这个场景又平添了很多其他东西，这都需要我们仔细甄别。要学会用数据去获得更多数据。

为了能够使用更多大数据所驱动的服务，作为普通消费者，你是愿意分享个人数据，还是会担心个人隐私泄露而避免分享？作为一家公司，把数据分享出去到底意味着损失还是获益，这笔账容易计算吗？我相信，类似这样的问题未来将会困扰每一个被“数字化”的企业和个人。

这到底是人类自己编织的甜蜜烦恼之网，还是一个噩梦的开始？且让时间来验证吧。

02

THE NATURE OF BIG DATA

数据相关性比数据本身更重要

THE NATURE OF **BIG DATA**

未来人人都是分析师

- 在信息爆炸时代，拥有大量信息可能是灾难而不一定是好事，也不等于你有能力使用它。
- 一切数据收集活动的出发点都来自业务需要或者可以应对未来的业务发展。
- 从业务过程中收集信息、分类信息、整合信息，必须要成为日常思维的一部分，这是成为数据驱动型公司的必要条件。
- 数据开发的速度是营运大数据的必然瓶颈。
- 一切皆可量化，表面上看似不存在的数据，其实也是有迹可循的。
- 当我们学会量化以后，就是一个个从无到有的过程，很多重要的东西就这么“无中生有”了。这也是在新时代的特质下，企业想要实现“弯道超车”的一个难得的快捷方式。

假设这样一个场景：一个惬意的早上，你一觉醒来。吃着早餐，打开计算机，你突然想查一些信息，但是却毫无头绪，因为信息太庞杂、太碎片化。苦恼之际，你猛然想起自己无意间养成的一个习惯，每当看到一些感兴趣的信息时，无论文章也好，照片也罢，你都没有让它变成过眼烟云，而是花了点时间保存了起来。这时，你的计算机人工智能扫描了你的信息库，通过你平时保存的信息，分析出你可能感兴趣的章节。你打开一看，发现正是你想看的。顿时你心情大好，开始了新的一天……

你很惊讶。为什么计算机可以找到这些信息？因为计算机的计算是人脑无法比拟的。为什么计算机能够帮你寻找目标信息？因为你早已在无意中习惯性地保存了庞大的信息，建立了属于自己的信息库。这个有点科幻意味的场景是不是很熟悉呢？作为数据界的“老谋”，我敢肯定地告诉你，这一天必定很快会到来。

养兵千日，用兵一时

大数据时代衍生的变化，体现在信息的产生及获取变得更为快捷，沟通（包括发布、传播、互动）从单点到互联，信息变得更网状、无序和碎片化。然而，获取速度又快数量又多的信息，很容易被错误地解读为唾手可得，而且成本越来越廉价。如果你目前有这种想法，那你可能已经在不知不觉间被卷进了“数据越多越有用”的误区。**在信息爆炸时代，拥有大量信息可能是灾难而不一定是好事，也不等于你有能力用好它。**近日，畅销书《大数据时代》的作者维克托·迈尔-舍恩伯格（Viktor Mayer-Schönberger）[①]在一次演讲上也强调了数据相关性的重要性。简单地说就是，收集、存储和管理数据的综合成本不菲，是每个企业必须面对的问题。

根据业务战略而制定的大数据战略变得尤为重要，我们首先需要重新去审视或者辨识有用信息，并判断哪些数据可以放弃。**一切数据收集活动的出发点都来自业务需要或者可以应对未来的业务发展。**例如，阿里的电商数据战略就离不开“人、货、场”的组合。**接下来，就是以短期问题作为出发点，并以中长期的发展趋势为准来决定资源的优先分配顺序。**

从业务过程中收集信息、分类信息、整合信息，必须要成为日常思维的一部分，这是成为数据驱动型公司的必要条件。例如，在产品

① 《大数据时代》，百万级畅销书，大数据时代的开山之作，一本书开启一个时代。该书中文简体字版已由湛庐文化策划出版。——编者注

设计环节中除了加入 PRD（Product requirement document，产品需求文档）之外，还要加入 DRD（data requirement document，数据需求文档），以重点描述数据相关的需求及变更。以此类推，在业务的各环节中都要考虑数据的收集、汇总及使用，并评估所收集的数据与主体业务之间的相关性。但目前大部分企业依旧秉持“取之所用，无用则弃”的传统信息理念，而不会同时考虑长远数据战略所需的积累。仅仅服务于当前，为短期目的所收集的数据肯定会偏于狭隘，大数据更需要为未来业务方向做好储备。换句话说，数据战略的目的就尤如“养兵千日，用兵一时”。

明确了业务的长中短期目标及实现这些目标将会面临的障碍之后，还得理解数据能力对这些目标有何贡献。作为战略部署，我们还需用系统思维去发现周边生态的数据与主体业务之间的关联。举个例子，要真正了解淘宝的商品交易细节，除了买家的需求外，物流、支付、竞争对手、卖方营运等数据，都是整体必不可少的一部分。有了大方向之后，从数据战略到数据落地策略，大致可分为 4 个步骤：

- 确定业务目标与信息缺口之间的关系，明确数据收集的方向。
- 寻找相关信息的同时，评估零散信息整合的难度及数据源的质量。如果数据来自外部，应优先考虑以元数据较完整的信息来源。
- 关注各种数据资源的使用情况及其在场景中的反馈结果，同时尽可能地记录下数据从产生到应用的过程。这个过程是一个从“计划经济”到“市场经济”的落实点，数据必须被运用起来才有其价值，以点带面式的经营数据更显稳健。

- 最后回到第一步，识别信息源与业务目标的关系，优化信息收集、存储、整合的过程。

随着智能物件、人工智能场景的普及，信息产生的形式和速度也变得难以预测。我们需要有更加便捷、成本更低的方法寻找及收集多源异构的零散信息，并把它们缝合起来。所以一直以来我都在致力于建立大数据的技术平台，促进以上各个环节都能够更自动化地完成。从我在阿里管理大数据的第一天开始，我就感受到，**数据开发的速度是营运大数据的必然瓶颈**。不要小看这个缝合的技术，它是细节上的魔鬼，做好它方能称得上真正做好了大数据营运。

系统之美

在轰轰烈烈的大数据时代，学会系统思考（又称系统动力学，System Dynamics），有利于摆脱线性局限、小数据时代的思维方式，转变为人工智能与大数据亦步亦趋的思维方式，这两者截然不同。为什么？我还是那句老话：“以偏概全怎么能和以全概偏相比？”

什么是系统？系统是一组相互关联的主题，一定时间内，以特定的行为模式相互影响，而且具有自适应、自我组织及自我演进的能力。当系统受外力触发时，不同的系统可能会产生不同的结果。一个完整的系统必定由三个点组成：要素（主体）、连接点和目标。当主体与连接点及其功能产生了相对固定的关系时，我们便认为这个系统形成了。

THE NATURE OF BIG DATA
智能商业的未来

以淘宝为例。简单来说，这个生态系统（目前流行的叫法是“平台”）由卖家、买家、物流商、平台管理方组成。他们之间互相连接，目的是为了匹配需求方与供应方，然后顺利地把货物从卖家送给买家。情况稳定时，各方相安无事，平台管理方可以坐享其成。当然这不是系统的真相，在这个系统中，买家与卖家的连接来自交易，更重要的是交易后买家给卖家的评价。根源是平台为了减少买卖双方之间的投诉及纠纷，让评价好的卖家得到更多曝光机会。

在这个加强版的反馈机制中，平台让买家优先看到的都是诚信得分较高的卖家。没有足够生意流量的卖家知道，快速得到大量交易和好评，是争取曝光机会的重要因素。“诚信”卖家变得奇货可居，而“好评”有价，最终促始一个黑色产业——专业刷评师出现，“江湖”（系统）从此不再太平。平台与刷评师之间展开了一场博弈，系统中出现了一个旋涡，真假评价之争让平台管理方左右为难。正因如此，卖家更一度围攻平台方，不能删除被怀疑的假评。

以上故事在互联网时代未来临之前，曾经也发生过。只是在互联网时代特别是大数据时代，数据更有利于还原真相。大资料也自然成为发现真相的利器。不过我认为更值得反思的，是如何使用大数据分析去防患于未然。而此时，系统思维就更为重要了。

过去，我们习惯在简单的线性关系中寻找规律，因为我们假设没有数据以及数据稀缺是常态，只能局限于逻辑推敲。这就像蚂蚁拼命在二维空间中苦思为什么无路可走时，却不知道我们其实身处的是三维世界。

大数据的存在，就是让我们把复杂系统变得可描述、可量化、可溯源。随着科技的发展，物联网、人工智能技术的进一步完善，我们越来越不缺少数据，但大家还未意识到万物互联之后的世界，系统思维的重要性。

量化一切，数据化一切

如果你是阿里的分析师，在月度经营报告之后，你会好奇地跑去问老板："我做的这份报告，什么地方是您比较感兴趣的？哪些地方又是我需要多花点力气再精益求精的呢？"世上如果有一位老板会耐心地回答你的问题，那么恭喜你。而大部分情况是，如果老板完全知道自己需要什么的话，也就不需要你了！

一次，我去丽江参加一个零售集团的闭门会议。因为是临时决定去的，所以我并没有做太多准备。结果，主办方忽然通知让我给大家做一个演讲！我灵机一动，用上了"无中生有"的伎俩，并量化了早上的会议，目标是了解集团 CEO 关注什么。我快速将其他人演讲的内容记录下来，同时记录了在其他人演讲期间 CEO 的几个动作信号：点头、写笔记和发问。大家可能已经明白，我是在量化领导对每一个主题演讲的专注度。当然，如果领导从头到尾都在玩手机的话，说明他对内容根本不感兴趣。领导的一举一动，无疑都间接地反映了他对什么内容比较关注或者有想法，什么内容是被他当垃圾扔掉的。经过早上“无中生有”的量化过程，下午我便择优而上，把领导关注的内容用上面所提到的三个信号的频次配合当下的关键词做了一个简单分析。结果当然不出所料，我演讲后，那个领导兴奋地对我说：“你怎么比我的手下还要懂我？”

在阿里工作期间，我偶然看到了一本叫《数据化决策》（*How to Measure Anything*）的书。但我比较喜欢它的英文书名，因为比较平实。这本书的主题是：**一切皆可量化，表面上看似不存在的数据，其实也是有迹可循的**。量化是对被量化的事物的一种映射，就像照 X 光片。关键是，我们要明白量化后的数据是为了解决什么问题，以及在量化的过程中如何降低噪声，增加稳定性。

互联网技术的发展加快了信息数字化的进程，我们对量化的态度，也必须与时俱进。过去，我们假设数据很难获取，所以喜欢用经验预设简单维度，这种局面随着大数据时代而被快速打开。一些看似毫无关联的事情，却是过去分析时的盲点所在。要改变传统观念，将思维方式从经验驱动转变为数据驱动。

当我们学会量化以后，就是一个个从无到有的过程，很多重要的东西就这么“无中生有”了。这也是在新时代的特质下，企业想要实现“弯道超车”的一个难得的快捷方式。记住，要学会无中生有的量化，要有足够的观察、足够的理解及数据收集。我在阿里时，毫不夸张地说，正是运用这种方法，我基本都能在CEO及高管想要看什么数据之前，提前预估到他们可能会看这些数据，并且早早做好功课。我告诉手下，要把月度报告也当成一个产品去量化，不断从反馈中改善。这也正是我在上面提到的在丽江的例子中所做的。

说了那么多，最后总结一下基本的量化法。表面上好像不存在的数据，其实也有迹可循，可以量化的。关键是我们要明白量化后的数据是为了解决什么问题。量化是对被量化事物的一种映射。如果X是我们关心的事情，我们就应该做到以下几点：

- 澄清什么是X。例如，你想量化“开心”，但究竟什么是“开心”？“开心”跟“快乐”是否一样？你需要不断用问题去澄清X！
- 如何量化X？如果我们认为开心的表现是笑，那我们可以量化“微笑”吗？面部情感识别的技术，微软已经有较成熟的软件了。
- 量化之后能够增加我们对X的了解或者减少不确定性吗？我们能否找到量化后的“开心”指数，并在应用中确认其价值？否则只能回到第一步，重新澄清什么是X。

以上方法虽然简单，却非常有效。优秀的业务分析人员必须学会这个方法。学会量化，“无中生有”的力量是很大的，并有着“此时无声胜有声”的作用。

大数据的下半场，
企业与个人如何让数据从看到用?
扫码下载“湛庐阅读”APP，
“扫一扫”本书封底条形码，
听作者车品觉讲述数据的本质。

03

THE NATURE OF BIG DATA

数据流动在于利益关系

THE NATURE OF **BIG DATA**

未来人人都是分析师

- 大数据能力的根源来自连接，而连接的基础是数据的流通和标准化。
- 所有的数据流通必须建立在一个永恒不变的道理上：互惠互利，否则你无法做到对数据进行适时的修正。
- 大数据是自利、利他的成品。
- 作为企业，要实现数据打通，需要有一个非常清晰的、自上而下的数据资源战略方向，也需要具备良好的、自下而上的协同能力，这两者相辅相成。
- 实现从 0 到 1 的过程中，首先必须找到个体与机构之间的平衡点。
- 当利益高于双方之间的竞争时，数据共享会变得理所当然。
- 数据是虚的，解决方案才是实在的，没有场景做目标的大数据如同一盘散沙，但太实相的大数据又不够灵活。
- 数据应用有三个阶段：第一个阶段用数据，第二个阶段养数据，第三个阶段从看数据到用数据。
- 数据分析的工作最终必须落在产品上。
- 从数据的收集到使用，我们要学会与生态中的各种角色竞合，因为没有人能单枪匹马地完成整张数据大图。

在拜访一些公司时，我发现，大家所讲的数据来源其实就只有几个，很少能看到“养好数据”的例子。也就是说，大数据产业目前面临的挑战，并不是没有好的算法，也不是没有好的数据工程师，而是数据来源比较单一。

互惠互利，数据流通之匙

在数据科学成为炙手可热的话题的两年后，我发现我被企业管理层问得最多的问题是：如何确保有足够多的数据来发展人工智能？需要储备什么样的人才？**我认为，大家都忽略了大数据能力的根源来自连接，而连接的基础是数据的流通和标准化。**老实讲，“不在此山中”的企业可能还对由此带来的痛苦没多大感觉。

比如，有些 CEO 问我，如何打通企业各部门之间的数据，进而防止阳奉阴违的事情继续发生？以阿里为例，数据打通绝对不是马云一声令下就可以解决的问题。从 2014 年开始，阿里管理层数次要求各业务部门（包括支付宝）无条件地将数据互通，然而换来的终究也只是表面的打通而已。手下人的阳奉阴违也是花招不少。比如，我有数据，但是我不告诉你有什么；就算你知道我有数据，但我不能保证提供给你的是有质量的数据。因为没有业务关联，对方很难长期、义务地配合你，所以就更不会把新增的业务数据和盘托出了。

在这个人工智能蓬勃发展的时代，数据的增量比存量多。多变的业务场景也意味着需要敏捷的数据更新（包括结构）。在你使用数据时，数据本身可能早就出现了定义上的变化，Data broken（数据断裂）指的就是数据已经不能反映当前现实。因此，以这些断裂数据为基础的任何人工智能算法，都会相应地产生偏差。这种事情表明了什么？**所有的数据流通必须建立在一个永恒不变的道理上：互惠互利，否则你无法做到对数据进行适时的修正。**虽然说高层掌握着权力，但要发挥出整体的数据战略，只靠从上而下的命令是不可能的，还必须依靠从下而上的共建共创。只有这样，才能实现合力而成的多源异构大数据。所以我一直强调：**大数据是自利、利他的成品。**

我举个例子。公交车的摄像头在行驶过程中录下的数据能否共享给其他企业？该公交车公司当然不乐意，摄像头录下来的数据就是我的资产，凭什么无条件地交出来？但如果此时一家地铁公司说，若你愿意分享这个数据，我会在地铁内为市民提供公交车换乘信息的大屏幕作为交换呢？又或者，政府主动提供客流量数据，作为其他公交车公司主动提供数据的相应回报呢？答案应该就明朗多了。当实现互惠互利时，技术问题也就水到渠成了。

THE NATURE OF BIG DATA
智能商业的未来

在阿里时，我是怎么处理部门间数据互通这件事情的呢？很简单，首先是找出大家有意愿共用的部分，我称其为企业内的公共数据，然后安排资源把这一部分先建设起来。选择公共数据也有一定的技巧，简单归类就是：各部门已经在高频率但低效率的单线流通的数据，被野蛮重复复制到各部门的相同数据，大家都有意愿首先标准化的数据。当这些带有公共性质的核心数据建立起来之后，大家就能更容易地感受到数据高质量流通的意义及好处。要保证这些数据的质量和新鲜度也相对变得容易了。

之后，我采取的是共创共赢策略。我将我们部门所有的、我认为很有可能成为公共数据的数据，全部都放在大家眼前。如果其他部门有人要使用的话，这些数据可谓招之即来。当然，前提是这些资源都是我先开发完的。当他们所有人都开始使用这些数据时，我就可以输出技术及标准，去帮助其他部门完成更大范围的数据打通。

上面两个例子说明的就是打通大数据，不管是一家企业还是一个城市，都非常需要找到利益驱动的本源，然后找出数据流通的共性，这可以是因为新的发展机会、改善各单元的效率，也可以是降低风险等。总而言之，互惠互利才是大数据流通的永恒关键。

机构越大，人事越复杂，数据打通的开展就越困难，这也就解释了为什么政府部门的大数据进步得这么慢。政府机构对构建大数据系统具有集中性这一得天独厚的优势，但却没有积极性，更谈不上什么互惠互利了。**作为企业，要实现数据打通，需要有一个非常清晰的、自上而下的数据资源战略方向，也需要具备良好的、自下而上的协同能力，这两者相辅相成。**如果你一味地想通过权力来强迫他人将数据白白地拱手让给你，那就对不住啦，只能画虎不成反类犬了。

寻找共同的痛点

任何零散的数据一旦连接形成大数据，便会威力无穷。以医疗数据为例，如果我们把人类生物学的复杂性比作一部动画电影，那么在100年前，我们对这种复杂性的了解大约相当于电影画面的一个像素。可是，若看完整部电影，我们便很容易知道它说的到底是怎样一个故事。医疗大数据，是了解整部电影的最佳窗口。可以说，当各种医疗数据成功实现了联防，癌症便不会再如今时今日般让人恐惧。

在庞大的市场及科研潜力面前，埃里克·夏德特（Eric Schadt）这位试图让医疗数据共享成为现实的先驱者，颠覆传统创立了自己的基因数据公司 Sema4。Sema4 是一个致力于创建千万级基因技术库的基因数据平台。虽然这件事情非常伟大及意义非凡，但其面临的困难也十分巨大。连夏德特本人也无奈地承认："尽管已经投入数十亿美元，用于对现有数据网络进行现代化改造和提供安全保障，但数据泄漏事件仍然时有发生。”若不彻底根治这一问题，支撑项目的信任基础将变得脆弱无比。

然而，患者的医疗数据属于个人拥有，还是由医生与患者共同创造的呢？**任何大数据的形成必须经历两个过程，即开放与规范，两者为递进关系，前者是深度连接的前提，而后者则涉及数据的可用性。实现从 0 到 1 的过程中，首先必须找到个体与机构之间的平衡点。**人们愿意将自己的基因数据分享出来吗？凭什么？企业集结了这些大数据之后，又如何对个体产生价值呢？若不能达到互利，又如何让更多人自愿贡献出自己的基因数据呢？

下一步要解决的问题，是如何鼓励已拥有大量数据的医疗机构共享数据，让它们走出自己的数据孤岛。从我过去在阿里的经验来看，唯一的方法就是：**找出几方共同的痛点，当利益高于双方之间的竞争时，数据共享会变得理所当然。**

接下来便是规范化。我们辛苦收集到的数据，该以什么方法加工，进而成为解决问题的原材料？数据界大致分为两派，一派坚持原始数据，即尽可能保持数据的原貌（裸数据）；另一派则喜欢把收集到的数据规范化和格式化，根据使用的场景进行预处理。其实，**数据是虚的，解决方案才是实在的，没有场景做目标的大数据如同一盘散沙，但太实相的大数据又不够灵活。**所以，无论金融大数据还是医疗大数据，都会经历从无到有、从有到高度连接、从高度连接到实时流通，最后经过工程化把数据提炼成随时可用的“业务石油”。到那时，毋庸置疑，它会产生无限商机以及无与伦比的回报率。

让天下没有难用的大数据

在阿里上市前夕，我完成了第一部著作《决战大数据》。之后，在准备离开阿里时，又心生了为该书写增订版的念头。洋洋洒洒，新增了 8 万余字，希望能为自己在阿里的经历做个总结。① 当然，我的数据生涯还未结束，从阿里到红杉资本，我更希望能够真正说明数据行业生态。借用阿里的一句格言：“昨日的成功是今天的起点。”

回顾我在阿里的 6 年时光，从经历来说，我先负责支付宝，继而负责淘宝，最终负责整个阿里集团的数据工作，并创立了跨业务群的数据委员会。实际上，这个过程同样也是我对数据应用的理解历程：**第一个阶段用数据，第二个阶段养数据，第三个阶段从看数据到用数据**。在加入支付宝之前，业界都认可我是一个比较懂得用数据去设计、改良、迭代产品的首席产品官。这个背景也影响了我日后的很多决策。

① 品觉先生新增的 8 万多字收录在《决战大数据（升级版）》一书中。在该书中，他不仅与读者分享了专业的大数据知识，也分享了他在阿里时的故事与经历，非常值得一读。该书中文简体字版已由湛庐文化策划出版。——编者注

产品需不断迭代

加入支付宝后，我面对的第一件事就是着手组建支付宝数据分析师团队。2010 年的支付宝，大部分业务团队对数据团队都不太满意，而且高层对数据能产生的价值也没有太多认识。同时，由于当时数据负责人调职，导致支付宝的数据分析和数据技术部门被分开管理。

面对数据分析和技术团队的目标不一致，业务部门对为什么要使用数据以及如何善用数据充满疑问，甚至有人认为数据分析仅是门面功夫。但我坚持数据分析产品化路线，相信数据分析的工作最终必须落地在产品上。

从解放集中式的数据分析师团队到“人人都是分析师”的泛化过程中，我们的业务部门自己就可以便捷地使用工具解决问题。经过一年多的努力，有一天 CEO 走到我办公室对我说：“你知道吗？你们做的产品让我觉得很爽，我很喜欢这个产品。”看到同事和老板对产品的支持，让我肯定自己在支付宝走的这条路是正确的。如果让我总结这其中的精髓，我的秘诀是：**数据分析也要讲究用户体验**。

数据产品设计的切入点必须要问“目标问题是什么”“什么样的数据才能解决这个问题”。只有得到用户的信任，我们才能够做出更多的好产品。产品需要不断迭代，而非一劳永逸。这就是我们做产品的理念。

不懂商业就别谈数据

我在支付宝期间，几乎每个月度报告都会让管理层讨论三四个小时。一份数据报告居然会成为管理层的讨论焦点，每次都会有很多高层管理者关注我讲了什么，这时我就知道我肯定成功了。当然，同时我也会提醒数据分析师们，千万别以为仅靠一份报告就可以解决所有事情，一定要让业务部门知道这份报告是大家一起探索得出的结论，这是我管理团队的一个基本理念。

这样的月度经营报告同时也是数据分析师团队每个月的绝佳演练机会，在我的团队里，一直有这样一个口号：**不懂商业就别谈数据。**

这段难忘的经历，让我骄傲的不是我自己的成就，而是每次在公司外听到别人说支付宝的数据分析师团队是国内最强的数据团队时，我都会由衷地为他们感到骄傲和自豪。在阿里的 6 年，我最难忘的就是和兄弟们一起并肩作战，让天下没有难用的大数据。

数据生态圈须竞合并存

这段时间我四处飞来飞去，身边人都觉得我比以前在阿里的时候还要忙。过去在杭州时，总感觉自己看得不够多，如今终于有时间出来走走，看看各种数据公司，看看许多公司到底如何使用数据，这正是我想要做的。

在阿里，要数据有数据，要人有人，要钱有钱，什么资源都不缺，反而让我感觉少了些拼搏精神，多了点“大公司病”。**事实上，通常没有数据的人，都更期待有数据可用；通常资源不足的公司，会更懂得怎样用好自己的资源。**

很多人说，中国互联网BAT这“三座大山”让数据力量难以释放，但我相信这种现象会随着技术的不断进步而改变。我也看到很多年轻人在尝试挑战，不少从大公司出来的年轻人正在创业，在五花八门的领域中挖掘数据价值，这让我备感欣喜。

乐观地说，从他们身上，我已看到中国大数据生态圈的雏形。我认为，这些特征也体现了“双创”的重要理念。但记住，不要跟红顶白，而是要从解决问题着眼，并最终落地在商业价值上。例如，有时你以为自己在做产品，其实只是一个小功能而已；但如果是产品，却又不一定有商业空间。

去过美国旧金山湾区的朋友都知道，许多当地创新公司的创始人大多来自谷歌、Facebook等，这些龙头公司其实也是产业创新的源泉。从数据的开放程度看，谷歌、Facebook、Twitter等公司的数据是大家的创业资本，这些土壤为大数据产业链注入了活力。尽管这些数据还需要经过很多加工和处理才可以被我们使用，但毕竟这些数据都相对容易获取。

此外，对比中美两国的数据环境，中国有一个数据金矿，就是政府的数据开放。政府到底能否适度释放更多有用数据，让这个产业成长得更好呢？这个问题举足轻重，非常关键。数据产业的另一关键是开源的小区、公司之间的合作与竞争关系并存。**从数据的收集到使用，我们要学会与生态中的各种角色竞合，因为没有人能单枪匹马地完成整张数据大图。懂得这个道理的公司才会是未来的数据之王。**

04

THE NATURE OF BIG DATA

伦理，大数据的关键破绽

THE NATURE OF **BIG DATA**

未来人人都是分析师

- 如果你认同数据智能是未来商业的核心，就绝不能让企业的数据安全策略落后于他人。
- 数据使用权必然会是未来企业之间最大的竞争空间，当然也可能是最大的合作空间。
- 过去，我们担心的问题是小样本导致的统计误差；而在大数据时代，这个问题并不会消失，反而会更加复杂、更难发现和解释。
- 任何安全原则要想得到业务方面的支持，就必须契合企业的商业目标、风险承受能力和部署能力。而今天，大部分企业的管理层对数据安全还没有达成共识，要做到这些相当困难。
- 要让数据安全真正起作用，安全原则必须把人、过程和技术都纳入考虑范围。
- 大数据、人工智能、机器学习等都是新生事物，水能载舟，亦能覆舟，趁人类仍掌控着大局时先打好基础、做好防范，乃是当务之急。

我曾经说过，**数据使用权必然会是未来企业之间最大的竞争空间，当然也可能是最大的合作空间。**不久前，一场企业“巨无霸”之间的数据大战吸引了人们的注意，参战双方分别是中国最大的电商阿里巴巴和中国最大的快递企业顺丰。双方因数据交换问题互不相让，愈演愈烈的战火终于切断了数据接口，导致淘宝平台的用户连续两天搜索不到顺丰的物流信息。最后不得不由国家邮政局出面，强调双方不可损害消费者利益，事件方才平息。这一事件也引出两个问题：数据的公有权和私有权到底如何界定？数据流通过程中如何保障个人、企业和公众的应有利益？

大数据也有“阴暗面”

离开阿里之后，我一直希望做的事情就是想让数据安全地流通、共享，让这种新能源在竞合之间产生最有效的社会价值。但在数据流通之前，我们首先要明白这些资源是有归属权的，而且还有公私之分。例如，你在注册成为某 App 的用户时填写了个人资料，经你同意之后，这个 App 有权使用你的资料用以分析及改进产品，但不代表这些数据可以随意流通到其他公司。不过假设数据已经匿名化了呢？这是否意味着你的资料就可以自由流通甚至被买卖？

为了更好地解决这些问题，我被聘为贵阳市关于大数据治理和共享开放工作的顾问。在贵阳市先行先试的国家综合实验区，我有了更大的空间做不同的尝试。坦白讲，在大数据和人工智能还在高速创新的同时，我认为法规并不能清晰地列明什么可以做、什么不可以做。当时贵阳市的市长问我，数据开放和不开放的依据都是什么？万一开放后出事了，法律责任由谁承担？所以，我们一方面需要以实验方式进行创新测试，另一方面需要组织业界的自律和自我约束。我认为这是一个可行的方向。

加入红杉中国之后，我选择香港作为办公地，所以对香港也多了一些关注。香港作为重要的国际商贸中心，随着金融科技及各种创新，它面对着数据使用及流通中的各种挑战。香港在国际上的竞争力一向来自其特殊地位，同时依靠自身完善的法律制度及庞大的内地市场。

大数据作为未来商业的新能源，香港必须早占先机。在各国及地区纷纷提出数据跨境限制的同时，为跨国企业找出数据流通的创新之路，甚而建立国际级的大数据实验区，正是香港的机遇。大浪淘沙，不进则退！

不久前，《哈佛商业评论》刊登了一则有关大数据伤害特定人群利益的案例。波士顿市政府推出的一款手机 App StreetBump，原意是让市民通过这个 App 向政府报告路面坑洼情况，借此帮助政府分配道路维修资源，进行优先级安排。但研究发现，由于老年人使用智能手机的比率偏低，导致收集到的数据不全面，结果使一些并不影响年轻人、却会妨碍老人步行的小型坑洼，长期被市政府忽视。

这种隐性偏差风险，对统计学家来说并不陌生，数据分析就是从庞大体量的数据中提炼真相，因此结果往往是“差之毫厘，谬以千里”。**过去，我们担心的问题是小样本导致的统计误差；而在大数据时代，这个问题并不会消失，反而会更加复杂、更难发现和解释。**

作为数据从业者，我们每天都在与误差奋战。我们一方面要相信数据的客观性，另一方面也要做到不迷信数据，要清醒地面对大数据也有“阴暗面”的现实。

数据安全与生意两难

研究机构 IDG 近期向 100 多位美国 IT 企业高层进行调查，问及其公司前五大 IT 投资方向时，最常被提到的就是改善安全环境。75% 的人表示，与两年前相比，IT 安全问题变得更加重要。

数据安全问题向来令人纠结，企业致力于保护数据的同时，又要顾及业务发展。随着很多公司允许员工自携设备上班（包括智能手机和平板电脑），以及允许员工在家办公后，大多数公司的 IT 安全原则已经落后。最简单粗暴的解决方法可能是“No”：完全不允许员工自携设备。

如何既能鼓励公司使用数据，同时又能防止数据泄漏呢？从前的数据安全偏向被动式响应，亦鲜有企业为大数据或人工智能进行全面的安全布局。**任何安全原则要想得到业务方面的支持，就必须契合企业的商业目标、风险承受能力和部署能力。而今天，大部分企业的管理层对数据安全还没有达成共识，要做到这些相当困难。**我在阿里担任数据委员会会长时，要解决的其中一个问题是：审批数据科学家使用敏感数据的权限。过去的静态分类在大数据时代越来越难发挥作用。例如，一些原本已经被匿名的身份，因为得到了另一个数据的关联而被重新认证，风险级别忽然被提高，事前却难以判断。

云计算、混合云、弹性存储、流动数据等新技术的流行，也令数据中心的安全边界变得越发模糊。在反思大数据时代数据中心的运作方式时，企业必须考虑以下几个问题：

- 监控日志应该在哪里，以及要收集什么？
- 数据收集和流通时的加密机制是否完善？
- 安全原则有多大程度会影响业务效率？
- 数据敏感度的静态分层与基于业务的动态分类有多大区别？
- 企业是否有能力捕捉到危险情报，并及时处理可疑行为？

要让数据安全真正起作用，安全原则必须把人、过程和技术都纳入考虑范围。使用新技术时，企业必须确保相应的支持人员能接受到适当培训，且乐于承担职责。同时，应该及早让公司管理层参与到安全技术评估和选择过程中，这有助于让安全技术获得支持和认可。

最后，让我们回到大数据本身，你一定要记住这样一句口诀：Use big data to help big data（用大数据帮大数据）。机器学习和人工智能的运用，有助于收集、分析和共享安全的问题，更快地执行相关解决措施。而区块链作为存储和共享数据的新技术，也为解决网络安全问题提供了一条新途径。**如果你认同数据智能是未来商业的核心，就绝不能让企业的数据安全策略落后于他人。**

伦理影响不容忽视

2016 年 11 月，红极一时的大数据公司剑桥分析公司（Cambridge Analytica）凭着对 Facebook 的舆论分析，成功协助特朗普当选美国总统；英国国家健康体系（NHS）的健康医疗大数据平台 care.data，因为数据隐私问题引发公众强烈抗议，最终摧毁了这项原本万事俱备的计划。与此同时，各种利用大数据及人工智能技术的社会问题也开始不断浮现。

其实这原本也很正常，我们所沿用的原则和法规已无法跟上数据革命的步伐。大数据的进步正在不断延展关于隐私泄露和知情同意（Informed Consent）等问题。在这种情况下，我们非常需要一个全新的框架来建立一套健全的保护数据标准，让大家对科技发展保持信心。

以无人驾驶汽车领域的故事为例。当意外发生时，如果无人驾驶汽车在没有其他选择时，只能选择撞向一位有权势的大人物或者一个弱小的儿童，那么无人驾驶汽车的设计者应该如何处理？作为数据驱动的自动决策，在意外发生后进行责任评估，汽车和软件开发商到底谁的责任更大？同样的道理，如果脑科手术机器人出了意外，又该如何问责呢？

以大数据为基础的人工智能仍然是一门相对较新的技术，在其广泛被使用之前，公众对这种科技的信心很重要。数据伦理和标准是一方面，而对公众有着影响力的算法造成的结果，是否应接受审计，以确保透明度和安全性？如果未来有一种算法能左右你的教育机会、职业选择、获得不同社会服务的权利，你又会怎么做？

牛津大学哲学与信息伦理学教授卢西亚诺·弗洛里迪（Luciano Floridi）[①] 一直在研究大数据产生的伦理影响。他描述了人工智能两种不同的发展前景：第一种被称为“泳池模型”，即人工智能的“池水”将溢满整个世界；第二种是他自己预测的“坑洞模型”，即人工智能的“水滴”会落在一切事物上，但只会注满特定的“坑洞”。

① 弗洛里迪，信息哲学领军人，牛津大学互联网研究院主任，谷歌首席咨询顾问。推荐阅读其思考人工智能、大数据等问题的划时代力作《第四次革命》。该书中文简体字版已由湛庐文化策划出版。——编者注

前沿经济学咨询公司（Frontier Economics）在最近的一份报告中预测，到2035年时，人工智能将为英国经济增加8 140亿美元产值，并让经济增长率从2.5%上升到3.9%。如此美好的前景，需要先解决包括隐私和伦理在内的诸多问题方能安全着陆，且让我们拭目以待。

美国联邦通信委员会（FCC）早前发现，当地最大的移动运营商Verizon的无线部门侵犯了用户隐私。该公司在用户的流量里植入了特殊的追踪码（super cookies），以记录用户的特殊消费行为。随后，Verizon将相关数据提供给外部广告商，好让他们针对性地投放广告。因此FCC认为，Verizon的行为违反了网络透明性规则。

这个案例让我们深思，数据安全的边界在哪里？目前来看，数据安全边界还相当模糊！对于数据安全问题，大家一定要谨慎，不能把它简单化和一刀切。无论是站在个人立场，还是作为组织机构，两者都会面对社会伦理问题。哪些事可为？哪些不可为？与在总体层面上处理客户群的信息相比，若是站在客户个人层面上，或是针对既定范围内的某些客户，在何种程度上利用个人信息是可以接受的？哪些个人信息的存储可以用明文、哪些要加密，而哪些信息根本就不适合留存？什么情况下可以交叉参照一名消费者散落在各处的信息？

举个例子，如果我订了一张第二天去香港的机票，这个信息会跟我的酒店入住记录关联起来，3秒钟后我的手机就收到了酒店的八折预订推广信息。这对于作为消费者的我来说，是否合理呢？如果把一批曾到过香港的游客分成一些小组，批量给某个小组发送八折信息，会不会好一点？

如今，大数据行业一直在忽略、回避和否认数据伦理这个问题。忽略的原因就是害怕：害怕一检查就露出破绽，害怕过度关注伦理会扼杀创新，害怕伦理问题太过棘手而无从解决。但我们并不需要害怕它，而是要去改变自己的数据安全策略，真正地打通伦理这一环。

水能载舟，亦能覆舟

白宫警告，美国政府必须在人工智能仍依赖人类的时候，思考如何监管和利用这项技术。大部分人也赞同，美国政府需在这方面有所作为，但如何具体落实尚未清晰。人工智能的实际问题越来越多，且迫在眉睫。例如，谷歌的无人驾驶汽车一旦出现意外，谁该负责任？汽车生产者还是乘客，数据提供者还是算法工程师？我就见过一例，因为某个表格字段数据意外遗失，令自动化系统算法判断失误，导致一家企业损失了几千万元。最后追究责任时，才发现这只是产品经理的一个小疏忽。

数据输入问责制日趋重要

我们都知道，想让机器学习成功，首先要给它清楚的目标，然后向其“喂食”大量数据。但让人担心的是，人类在输入目标和设计上，可能会把既有的偏见灌输进人工智能的思维。比如，某大平台向男性推送高薪工作的机会远高于女性；美国的警察系统判断，非裔美国人比白人更容易被当成惯犯。若要由人工智能决定谁可获得贷款、工作或假释，那么对输入这些系统的数据进行某种程度的问责，以确保准确性，将变得越来越重要。

法律界也指出，智能产品的创造者们，有义务证明其产品符合公共安全要求。毫无疑问，人工智能已带来政策上的挑战。比如，在自动化技术变得更加复杂、更加智能的同时，如何继续确保其可控性？虽然人工智能已在某些方面打败人类，但很多系统的应用仍依赖人类来指示方向，有能力完成和自主完成并不相同。当然，有些科学家也曾经说："如果有一天，制造机器人的是另一个机器人时，我们就要小心了。"

现今，美国政府已在想办法监管人工智能，例如无人机和癌症探测分析仪等。白宫科技政策办公室也在联合多个政府机关，依据事实制定监管办法。诸位不要以为，这只是政府烦恼的问题，因为我们可能很快会发现某 CEO 下台是因为一个关键算法失误。这绝非危言耸听，如今，复杂的科技已让传统管理体系捉襟见肘。**大数据、人工智能、机器学习等都是新生事物，水能载舟，亦能覆舟，趁人类仍掌控着大局时先打好基础、做好防范，乃是当务之急。**

无人驾驶汽车致死事件，人工智能准备好了吗

美国国家公路交通安全局调查了第一宗无人驾驶汽车致死的车

祸。当事人驾驶一辆以自动驾驶模式行驶的汽车上了高速公路，却因识别错误而全速撞向一辆卡车。据说，意外中用以紧急防撞的毫米波雷达也同时出错，有人解释这种情况很罕见。但圈内还是有很多人热议，人工智能到底准备好了吗？

人工智能并非新概念，自参与 1956 年达特茅斯会议（Dartmouth Conference）的诸位学者提出这一概念以来，已有 60 多年历史。人工智能研发是一个不断成长的领域，其研究方向早就随着大数据及分布式计算能力的发展而不断扩展，至今已包括机器 / 深度学习、自然语言处理、图像识别、手势控制、虚拟助手、智能机器人、情感认知、智能推荐、语音翻译、视频内容识别等。

人工智能领域的融资总额逐年稳步增长，从 2010 年的两亿美元到 2013 年的 6 亿美元，再到 2015 年的 12 亿美元，今年有望更上一层楼。从融资金额和宗数上，我们可以看出，从事机器学习和自然语言处理的公司现在可谓炙手可热。谷歌 CEO 在一封致股东的信中，更把机器学习誉为“人工智能和计算的真正未来”。

现在谈起高科技，人们势必会提及谷歌、IBM、微软等巨头。但在人工智能领域，创业机会其实比我们想象的更加蓬勃。根据美国的统计资料，在人工智能的风险投资项目中，九成公司的员工少于 50 人，更有五成公司的员工少于 10 人。中国的情况也类似，虽然百度、阿里、腾讯在人工智能的投资也不少，但产业内还是不乏活跃的小团队。不断崛起的年轻公司持续推进着人工智能的前沿发展，这一领域的未来一片光明。不管你是满足于偶尔向 Siri 提问，还是在热切期待与机器人相伴的那一天，但有一件事情确定无疑：未来几年，人工智能在我们生活中的角色将越来越重要。

霍金曾在一个访问中说，披着数字助手和无人驾驶汽车等外衣的人工智能已经快速发展，其进化速度可能比人类更快，且它们的终极目标将不可预测。一旦机器人达到能够自我进化的关键阶段，我们将无法了解它们的目标是否与人类相同。历史告诉我们，人类的进步来自贪婪，而每次毁灭来自愚昧，这正合《易经》“水火既济”和“火水未济”的道理。

THE
NATU
OF
BIG D

RE

ATA

第二部分

数字经济引擎，
智能商业的核心

智能时代，聪明人单打独斗的优势越来越不明显。你想赢别人，就得学会借力打力，利用大数据和人工智能去撬动新经济动力。

当我 2010 年进入阿里时，我们的数据团队会利用数据去做好报告，以支持业务部门，让业务部门可以更好地把握其业务。数据团队继而在 2012 年开发了很多数据产品，将重复的业务分析需求产品化，把数据能力泛化到一线团队。几年间，大数据距离成为业务的核心就仅差一步。直到谷歌的无人驾驶汽车项目出现，我忽然如梦初醒，这不就是业务与数据的无缝对接吗？

问题来了：商业运营的过程能像无人驾驶汽车一样实现全面的自动化吗？2014 年，我接了一个任务，即把阿里某团购业务的运营从几十个人的团队完全转变为自动化（去人化），这项工作需要大量数据、多种算法及 IT 系统的有机结合。在这个过程中，我们要把已知工作流程中的人为决策，转化为数据驱动的自动化决策（我们称其为数字经济引擎）。而决策之间的权衡也是一种算法，决策本身就是一场博弈，越大的场景运营起来毫无疑问就越复杂。后来这个项目按计划完成了，但实际上棘手的问题并未真正解决。在这个过程中，我们更体验到智能 / 自动化所要求的数据质量更高，数据不足的情况更明显，尤其是外部数据（包括竞争环境）的稀缺更非靠我们一己之力能在短期内解决的。另外，数据商业引擎的最佳原则是，人为干预越少，数据回流越顺畅。最终，这个项目其实是在妥协中结束的。

最近受阿里前同事的盛情邀请，让我有机会回杭州看一个智能客服的项目，即用客服机器人取代人工客服。刚一落座，我就问道："机器人还有多长时间可以完全取代人类？"我很期待作为人工智能应用一线负责人的答案，他明确地表示"5 年"。他提到，让客服机器人独立运作前，首先要做的是恶补客服机器人在没有足够数据的情况下的一些智识盲点。短期的改善方法是，他们设置了一个叫"人工智能培训师"的新岗位，帮助解决客服机器人数据不足的问题。借用人工智能"大牛"、香港科技大学杨强教授的观点，客服机器人的好坏，关键在于有没有高质量的数据。令人兴奋的是，目前客服机器人（非语音）已经能自动应对 85% 的客户访问了。

05

THE NATURE OF BIG DATA

数字经济引擎，预知未来的水晶球

THE NATURE OF **BIG DATA**

未来人人都是分析师

- 数字经济引擎的最佳原则是，人为干预越少，数据回流越顺畅。
- “大数据+人工智能”的魅力就在于，数字经济引擎的出现所带来的威力，足以让很多企业趋之若鹜。
- 数据化转型中的生死线就在于切入点。
- 关注业务决策的过程，从问题中寻找数据化的机会。
- 企业数据能力的泛化，要建立在数据产品的灵活性上。
- 建立规范，确保数据供应的质量及稳定性。
- 促进企业内部数据共创与共享机制的建立。
- 建设外部数据积累及有使用权的数据战略储备。
- 培养海量数据的深度分析能力。
- 阻碍大数据发展的是伦理和法规。
- 把“门窗”关好，数据越多，责任越大。
- 未来没有一家公司，不是数据公司。

南怀瑾先生有一个观点：“今天，人们不断与计算机和机器产生连接，这样的连接正一步步改变人们的思维模式。但人们似乎并不明白正在发生的一切。”一语中的！每逢新时代来临，都会为我们带来创新契机，同时也会带来不可忽视的破坏力。

不懂数据就没有商业

我认为，智能机器人、人工智能带来的变革来自万物互联后的巨大信息流。我的判断是，它除了会改变知识的产生过程和成本，还会颠覆知识传输的速度。正因如此，人工智能的力量得以爆发。在众多能力中，最让人兴奋的是人工智能如何提升“学习如何学习”的能力。以垃圾邮件过滤为例，这项技术可能会建立一个庞大的样本数据库，使每个样本被标记为“垃圾邮件”或“非垃圾邮件”。深度学习系统可以使用这种数据库训练，通过反复研究样本和调整神经网络内部的权值，提高识别垃圾邮件的准确率。这种方法的优点在于，不需要人类专家制定一套规则，系统能够直接从数据中学习。同样的例子还有图像分类、语音识别、发现信用卡欺诈交易、定向广告投放等功能。

更热闹的是谷歌、微软、亚马逊等大公司，它们在争相提供免费的深度学习开源软件。人工智能的应用势必会加快企业进入不同业务和领域的步伐。但要超越的是什么？很多人认为下一步是通用人工智能，也就是能够处理多种任务的系统，而不是只聚焦于解决具体、狭隘的问题。

有人担心，人工智能将大大加快某些任务的自动化进程，就像200年前蒸汽动力导致很多人失业一样。其实，被“杀”个措手不及的并非科技本身，而是人们的惯性思维，不知道如何正确地使用新科技。智能新时代才刚起步，我们有必要从本质去重新认识这些变化。

回到数据落地上来，当企业面对这个时代的变革机遇时，该如何应对？如果用简单的两句话来描述就是，**找出知识产生的速度和业务发展的增长关系，同时关注产生知识所倚赖的“原材料”大数据如何才能有效地在企业内/外积累。这也是大部分企业在想到做之间不知道自己不知道的地方。虽然不容易，但“大数据+人工智能”的魅力就在于，数字经济引擎的出现所带来的威力，足以让很多企业趋之若鹜。**

我在与很多CEO交流时，也表达过“**数据化转型中的生死线就**

在于切入点”的观点。企业要找到能足够积累数据的场景，再匹配合适的人工智能，快速产生知识点，利用自动化的知识点嵌入其中实现业务价值，然后让生生不息的数据反馈作为优化的闭环系统。最后需要关注的，便是人们的惯性思维所造成的障碍永远多于技术本身。

阿里在数据化实践过程中有三大原则：

- 相信数据是未来所有业务的核心竞争力。
- 不在线的数据，不是大数据。
- 数据的有效使用与高度流通要有互惠互利机制。

如果我对你说，2010 年时，阿里的数据化运营也是摸着石头过河，最初的数据分析产品还不到 50 个用户，业务方对数据化管理一点也不感冒，大家可不要感到奇怪。到了 2015 年，阿里的数据平台用户已经超过 8 000 人。在整个进程中，我们从建立一支精锐的数据分析团队，发展到能开发一个全公司的业务和工程人员都能使用的数据平台。数据战略从数据化运营，转移到了运营数据，并协调不同事业群数据共享、共创及标准化，同时又要保持业务的独立及积极性。6 年中让我记忆最深刻的事情，是聚划算一个部门的自动化项目。马云要求我们用人工智能和大数据去取代一个近百人的部门，而且业务增长率不能下降，难度可想而知。经过这个项目的锤炼，我一直在思考，数字经济引擎的形态是什么样的，以及如何搭建新科技下的数字经济引擎，也深深感受到，未来每家公司都将是“大数据 + 人工智能”

公司，这在未来将不再是一个梦想。

简单来说，数字经济引擎包括 4 种形态，分别是数据驱动决策、数据驱动流程、数据驱动产品以及数据驱动数据。自古以来，但凡从无到有的过程都是颇为不易的，所以，我对有意布局数字经济的企业有 8 个建议：

- 关注业务决策的过程，从问题中寻找数据化的机会。
- 企业数据能力的泛化，要建立在数据产品的灵活性上。
- 建立规范，确保数据供应的质量及稳定性。
- 促进企业内部数据共创与共享机制的建立。
- 建设外部数据积累及有使用权的数据战略储备。
- 培养海量数据的深度分析能力。
- 阻碍大数据发展的是伦理和法规。
- 把“门窗”关好，数据越多，责任越大。

其实，数据化思考的方法是多样化的，就像两个高手过招一样。我没有办法教你当你面对李小龙时应该怎么打，因为这场“打斗”不按约定俗成的套路走，你需要根据不断涌现的数据，动态地寻找答案。

我们常会受到一些固有问题的影响，如果你不懂怎么从中总结经验教训，它们反而会成为你思考中的盲点。当思考中出现盲点时，就注定你要失败了。**未来没有一家公司，不是数据公司，但如果一个 CEO 不具备数据化思维，后果就不用多说了。**

在智能时代，聪明人单打独斗的优势变得越来越不明显。你想赢别人，就得学会一套数据化组合拳，善于草船借箭（数据）。在本书中，我记下了我在人生中历练出的转败为胜的心得，我将其戏称为“狂龙十八掌”，它们还是我的组合拳。希望大家细细去品读之后，能掌握数据化思维的精髓。

走过10个年头的大数据闭环

有一张从我很早开始谈大数据概念时就用的图片，我称之为“数据应用的闭环系统”（见图5-1）。如今，这张图已经陪我走过了将近10年的时间，时至今日这个闭环系统的概念仍然有效，并且完整地解释了大部分数据化运营过程中要关注的重点与核心问题。仔细研究这个闭环系统，尽管一样的数据化运营（用）、一样的运营数据（养），但放在时间轴中在线演化了几年之后，我对这个闭环系统的意义与价值的诠释，已然发生了很大的变化。

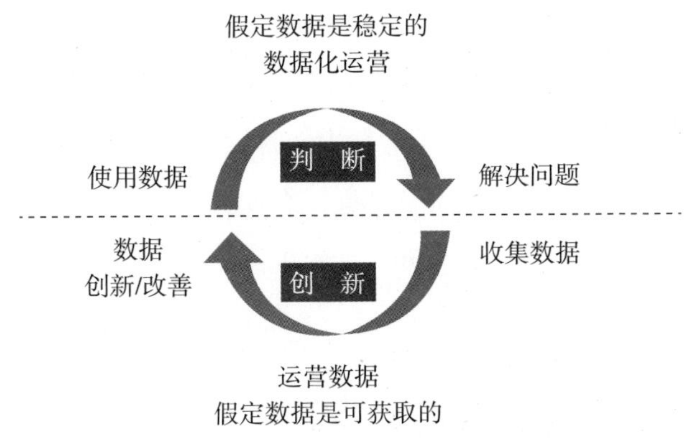

图5-1　数据应用的闭环系统

从排程性作业到实时响应

过去的数据从布点、收集、存储、更新到应用，对事件的描述、诊断、预测及行动，由于技术门槛、组织内部架构内的作业规范不同，导致每一个作业之间产生数据滞后、脱机运算或是人为隔膜所导致的断点。这样的断点让我们在数据积累和信息回馈上的能力大打折扣，更别说精确地决策了。但现在随着技术的优化，更重要的是管理层的投入，数据分析已经能够局部实现及时处理与应用，大数据开始因为闭环系统的修复而产生应有的商业价值。企业的分析模式也从事后分析飞跃到了事前分析。**商业智能能否变为智能商业，取决于管理层有没有意识到适时变革作业方法。**

突破数据闭环系统的人力瓶颈

由于存在前面所说的断点，过去数据闭环系统的工作流程是靠半人力、半机械的方式维持运作的。在过去，达到分析级别的数据生产制作流程需要大量数据工程人员的 ETL①程序设计。这有时会导致一份简单的报表要在数据的预处理上耽误三天的时间，也难怪业务方对报表态度冷淡了。经过了几年的努力，智能决策的自动化已经逐步扩展至数据预处理、报表生成、维度自决、问题自动排查、异常预警等。在阿里的经验让我更看重的一个变化是，如何根据不同的业务决策者设计数据分析产品的功能，场景化的用户体验更有利于商业应

① ETL，一种数据仓库技术，是英文 Extract-Transform-Load 的缩写，用来描述将数据从来源端经过抽取（extract）、转换（transform）、加载（load）至目的端的过程。——编者注

用。一位业务副总裁曾对我说："你们的数据产品做得不错，但不应该让我在解决一个问题时看三个不同的产品。"

数据的生产及集成不仅是可以自动化的，在一些场景上，更有可能别开生面地把整个商业模式都自动化。例如，如何让一个团购网站做到，以 14 天为周期，从大数据中选择适当的类目、商品、卖家，为商品定价及根据用户群而决定如何展现。在阿里，我们把这个项目叫作"无人车"，因为整个运作要做到全自动化，人工智能和大数据要完全取代人类。当时马云给我们的任务是，KPI 增长不能低于人类的增长。结果，团队成功了，但我认为火候还未全到，未来的空间或者问题还有待改进，大量的数据缺失及质量问题无法实现自动化。自动化的过程，仅能将就着使用。

全景化数据

过去我们看待这个数据闭环系统时，在使用数据分析做应用优化的过程中，数据获取的方式仅能自产自销，使用数据的态度必须很现实地考虑数据获取的可行性。但随着移动互联网技术的成熟及物联网技术的普及，我们如今已经可以通过第三方的数据去弥补自己数据闭环系统内的不足。通过在线及线下的关联，我们可以拥有一种前所未有的数据视野，而我们对这种视野的想象与期待，还在随着科技的进步而不断扩展。

数据闭环系统模型随着时间的流逝衍生出了全然不同的价值与定

义。过去，因为数据的能力与视野集中于事件本身，我们通过事后残缺、零散的数据报告做事后检讨，缺乏前瞻性。但是在数据高度自动化的今天，我们已经可以先行预判行动的结果，在活动还没有执行前，先建立预期表现的基准，通过事前目标的建立与实时数据的反馈，我们有能力在活动执行的各个阶段，根据执行表现作出动态修正（而且有一些修正也是通过数据学习下的自动化程序调整的）。

从被动走向主动、从静态检讨转向动态学习，数据闭环系统的理论和架构没有太多改变；改变的只是科技在闭环系统中对断点的修补、第三方数据对视野的开拓、人对自己在闭环系统中所扮演角色的定位及价值的认知，以及反应速度不断提高的闭环系统本身。这些变化都会促使智能世界的发展超出我们的想象。

让数据闭环系统转得更快、更有人性

要让数据应用闭环系统从旧系统升级到新的动态系统，从管理者到执行者，都必须具备新的数据能力与数据思维，因为很多数据要主动化零为整（converge）、用数据去获取数据（Use data to get more data）。我们并不缺少数据，我们缺少的是对数据战略的想象，以及看见调制解调器之后动手撷取的能力。

- 首先，我们必须有足够高远的眼界，“知道有”这些数据的存在；
- 其次，我们要有足够的知识与经验，“知道用”这些数据去解决当下面临的问题；

- 最后，关键是有足够的技术与知识，“懂得用”这些数据，利用它们解决相关问题。

要从战备上对大数据进行应用，企业现阶段务必要培养几个基础能力。

第一，更广泛地连接万物。未来的数据将来自不同的产业领域，第一方数据与第三方数据的内外结合，必然会成为企业的核心能力。关键在于外部数据能否经过关联之后，弥补企业内部的业务盲点。基于这个观点，我们在数据视野上就必须破除本行业的局限，逃离窠臼，从不同的数据源上寻找答案。

THE NATURE OF BIG DATA
智能商业的未来

某服装品牌如果没有在实体店中安装WiFi的话，就不可能关联上使用手机的客户，就不知道一些客户在还未亲身到实体店之前就已经多次关注某款产品，也就不知道他们一直等到该产品在店中做优惠活动的时候才来购买。这种对客户购买行为的洞察过去是绝对不可能做到的。事实上，行业内的领先者早已知道，超过30%的客户是徘徊于在线与线下之间的购买者。

第二，从被动接收到主动收集。过去在信息化不足的环境下，数据的获取要大量依赖人力。因为成本关系，这些数据都是先有明确的业务目标，才会被组织分配相应的资源去收集的。近20年来，由于互联网及移动终端的普及，使用者行为的收集已经能细致到，使用者用手机扫一下，就可以被实时记录下来，作为用户卷标。这些数据汇总在数据管理平台（DMP）中，等待广告主做营销之用。例如，A 客户在第一次访问 C 电商网站时，C 网站可以根据 DMP 所提供的性别及品牌偏向而更好地个性化其首页，如果顾客这次看了没购买，也可以等待时机，在其他网站再次营销。另外随着智能对象、聊天机器人以及更多形式传感器的开发，人类与周围环境的互动即将爆发一场更大的大数据革命。

第三，更深入地分析，更准确地行动。大数据的价值体现在预测上，而预测的结果需要通过不断决策与行动的过程来验证演算或模型的准确度和稳定性。要达成这个目标，我们首先需要明确地定义问题，并反问自己：假如问题解决了，我们如何知道它已经被解决了呢？不要小看这个步骤，从我的经验看，往往这一步就决定了项目的成败。还是那句老话：只要问题抓对了，事情就已经成功了一半。

广泛并主动地发现数据是运营数据的必备态度，能为进一步深入分析提供更丰富的数据原材料。通过数据分析以及在解决问题中的实际运用，我们才能够快速对手头的数据作出评估，寻找更符合企业需求的己方数据和第三方数据。如果能做到将数据收集、数据分析与采取行动视为一个系统，那么数字经济引擎就有雏形了。

第四，更高速、更全面地学习。企业从自己第一手的数据扩大到对第三方数据的需求，为的是建立更全面的数据视野，找出多方数据中更多相关的可能性，从解决问题的角度去寻求更为匹配的数据，以及确保能够持续获取最新鲜、实时的数据原材料。但在这里我必须提醒一下，这两个维度是截然不同的任务取向，**扩大数据量并不代表一定能够说明数据间隙的弥平，因为数据间隙的产生来自我们对要解决问题的理解，以及在解决问题的过程中我们所面临的数据落差。**如果仅仅只是扩大数据的维度，而这些新增的维度都无法修补与问题之间的数据差距，那对于解决眼下问题的帮助其实是相当有限的。

举例来说，图 5-2 是电商网站对一个消费者数据的循环。在第一阶段，我们通过系统的侦测建立消费者对商品的偏好，然后系统会通过一次又一次的接触对之前建立的消费者偏好卷标进行修正及测试。在这个过程中，网站可以借由系统的反馈，自我优化对消费者的购物体验，包括个人化的推荐结果，这个阶段的数据优化都来自消费者本人。但是如果我们进入第二阶段，也就是图 5-2 中所描述的通过其他人在同一个网站的行为去帮助消费者发现自己的标签。简单的例子就是大家熟悉的“买了这个商品的人还会买……”推荐模型了，这也是一个把数据间隙弥平的范例。

进入第三阶段，即使你的网站像淘宝网那样有上亿客户的流量，但每当使用数据来为某一个别用户做商品推荐时，你还是会发现存在数据稀缺的情况。这时，第三方数据就变得尤为重要了。补充数据可能还包括当客户不在淘宝网时，还登录过什么网站、买过什么、品牌偏好如何等。

最后，第四阶段与第二阶段类似，但是这一次的发现之旅是通过找到类似卷标的客户在其他网站的行为数据，作为补充客户数据的根据。

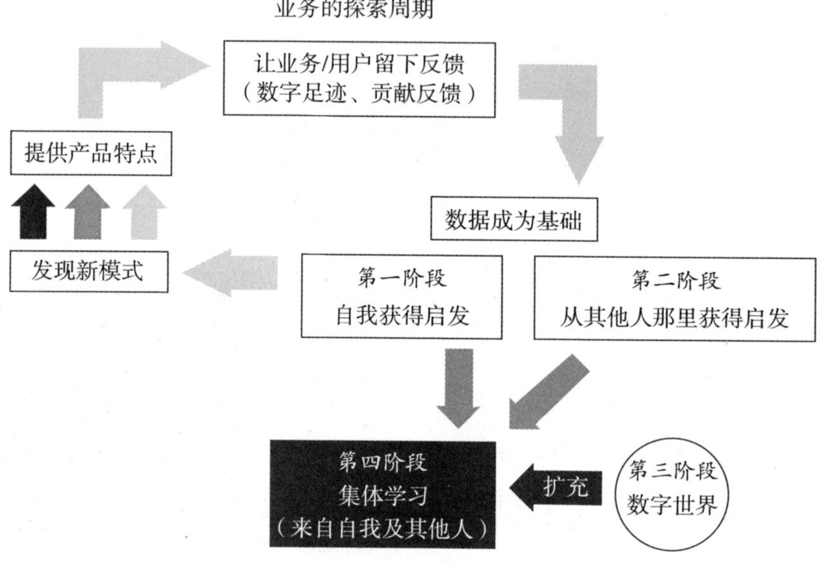

图 5-2　消费者数据循环

以上四个阶段层层递进，数据量从少到多，恰好表达了大数据的一个重要观点：他山之石，可以攻玉。当这种运转能力可以紧密结合在高速自动化的业务 / 决策系统之中时，我们才有可能进入前所未有的里程碑式的智能商业时代。

06

THE NATURE OF BIG DATA

智能时代，数据才是根本

THE NATURE OF **BIG DATA**

未来人人都是分析师

- 在不远的将来，数据的应用会如同电力一样，成为企业运营的必需品，渗透到企业的每一个业务环节。
- 无论是新兴行业还是传统行业，选择人工智能与大数据的切入点，场景选择尤为重要。
- 数据已经成为企业实现更大商业价值的最强驱动力。当然，数据作为一种企业资产，需要与其他资产，如人力资源、硬件等相互组合才能发挥出最大的价值。
- 未来，人与人之间的差别，拼的是他可使用的数据量和算法。
- 人工智能因大数据而重生，但制约人工智能在各领域实现更广泛利用的，并不是算法不够先进，而是缺乏高质量的数据。

生产力体现在对各种自然资源和人力资源的有效利用上，这是在智能时代之前的几千年间的不变定律。区别仅在于工具的创新，新工具能够让生产效率大幅提升，因而工具的选择变得尤为重要。计算机出现后，人类就开始努力把物理世界中的规律转换到计算机的逻辑世界中。今日，大数据的到来激活了人工智能，智能时代就这样开始翻山越岭了。

数据，将像电力一样颠覆世界

很多人把数据比喻为石油。但不同的是，数据来自应用，不管是否自觉，个人、企业甚至每一台机器时时刻刻都在贡献并使用着数据。**在不远的将来，数据的应用会如同电力一样，成为企业运营的必需品，渗透到企业的每一个业务环节。**随着计算与存储能力的增强，数据资源的供应将如同电力一样不可或缺，为企业提供源源不断的优化能力。

既然是核心资源，数据资产的运营就变得日益重要，对建立在数据基础上的互联网公司来说更是如此。盘点这些资源并不简单，我在阿里工作时共做过三次，并归纳了一些经验：

- 什么样的数据用量大、覆盖率高？具有公共属性的数据。
- 什么样的数据稀缺但重要？具有战略性的数据。
- 什么样的重要数据不可再生？因此必须备份。
- 数据资源用完可以再用！因为复制成本极低。
- 大数据的关联特性，让数据权属的边界变得越来越模糊。

几次资产盘点让我认识到，数据的盘点与实物不一样，数据可以无限衍生，而且多并不代表有用。

对于传统行业来说，拥有数据资源将使企业拥有创新的可能性，并降低被淘汰的可能性，更好地适应高速变化的市场环境和用户需求，从而更加具有竞争力。可惜，传统行业往往在信息化和数字化建设方面存在缺失，因此弥补短板是当务之急。当然这个急切性往往与公司的经营方向相关。

无论是新兴行业还是传统行业，选择人工智能与大数据的切入点，场景选择尤为重要。当实施智能项目时，数据是否足够将成为解决问题的要素，同时场景业务逻辑的稳定性相当重要。数据作为资产，有利于帮助企业做有效进攻及实施防守。有效地创建、生产智能工具及产品，能加强客户关系，预测客户消费习惯趋势及流失，靠近并满足消费者的需求。采用大数据进行营销已经成为许多企业的常规性营销手段，也就是依靠数据加强获客、激活、留客等服务能力。

在互联网领域，数据的规模、活跃度，以及收集、运用数据的能力，已经成为企业的核心竞争力之一。**在深入洞悉市场、快速精准地找出应对策略时，数据已经成为企业实现更大商业价值的最强驱动力。当然，数据作为一种企业资产，需要与其他资产，如人力资源、硬件等相互组合才能发挥出最大的价值**。大数据是来自多源异构的资料，所以"乱"是其特性。为避免出现"garbage in，garbage out"（无用输入，无用输出）的问题，使用数据前需要对数据资产进行加工，从而带来数据治理这一重要课题。

体量巨大、来源广泛的数据，看起来往往是一团乱麻。我还记得2013年时，我当时的老板淘宝网总裁三丰就跟我说过："我们不能总坐金山吃馒头。"企业采集和存储PB级别数据的成本却是分文不少而且有愈演愈烈的趋势。一方面要治理数据资产，同时也要证明数据有大价值。今天，数据的价值其实已无须再多言。开发AlphaGo而一举成名的DeepMind团队，被收购后成功地帮助谷歌数据中心的冷却系统节约用电40%，未来几年还将会帮助谷歌公司省下数亿美元支出，而据说该项目仅有五六个团队成员。

难怪《未来简史》的作者尤瓦尔·赫拉利认为，我们将会进入一个无机智能（inorganic intelligence）的世界，未来我们有可能受算法主宰。机器具备了深度学习的能力之后，智能的定义有可能被改写，人类的感知和普世价值也会改变，商业元素也将会发生巨变。就如我在《决战大数据》一书中所说：**未来，人与人之间的差别，拼的是他可使用的数据量和算法。**

数据获取策略 6 大要点

人工智能因大数据而重生，但制约人工智能在各领域实现更广泛利用的，并不是算法不够先进，而是缺乏高质量的数据。若想开发最先进的机器学习技术，能否获得高质量的训练数据极为关键，而如何启动是大部分企业的一个难题。对于从事机器学习研究的初创公司来说，起步时数据十分有限，难以自建起高质量的大数据资源。甚至有些企业在聘请数据科学团队、购置昂贵的设备之后，才知道还未制订“养”数据的策略。

数据来源的选择必定与商业模式相关，我的经验是，从小问题入手，弄清楚问题的本质往往是选择数据和算法的前提。每家公司的数据获取策略不尽相同，但回想这么多年我在阿里也算面对了不少类似的困难，希望抛砖引玉与大家分享几点。

- 从零开始创建好的专有数据集，几乎永远意味着，预先投入大量人力收集数据。但更痛苦的是，业务变化的同时，数据结构也需要时时更新，正如前辈所说:“数据集成的同时已经在断裂。”

- 即使是表面上拥有很多数据，但在运用机器学习时，仍会发现数据量的不足。你需要的数据量与你试图解决的问题紧密相关。
- 数据的收集、处理、运用，短期来说肯定是越贴近业务越有效率，然而从长远看并不利于数据的标准化及重复使用，导致开发周期变得漫长。我的经验是，起点可以从最小化应用做闭环，基于众多应用做长线规划。
- 确保早期创造的应用有足够的吸引力，让业务方及使用者甘愿交出他们的数据。大数据落地除了关乎技术问题，亦系于业务方及个人的意愿是否足够。只有互利互惠,才有长久合作。
- 在大范围使用大数据之前，必须严肃地面对数据的标准和质量问题，否则后果堪忧。数据驱动型企业须明白，数据质量是全部员工的责任，并不仅仅是技术问题。
- 大数据安全是一个命门，数据越多，责任越大，而且有时候会超出你的想象。原以为很安全的数据拼合其他数据之后，可能成为机密级别。

我曾对朋友说，我在阿里的数据治理过程可谓“九死一生”，很多人听了不明白。看到上面的内容，再设想我要面对几十个不同业务方的情境，你可能就了解了吧。

07

THE NATURE OF BIG DATA

数据，未来企业的核心资产

THE NATURE OF **BIG DATA**

未来人人都是分析师

- 数据终将成为企业核心资产。
- 数据的存在是为了能够有效地解决问题，而解决问题的核心与关键还是在于预测。
- 我们所遭遇的问题可能并不是低概率事件，但是没有人知道或意识到应该要去收集这样的数据（可能因为这些数据的处理与应用成本很高）。
- 企业内部确实有一些数据，但这些数据很零散、格式不标准，散落在企业的不同部门，需要懂得梳理数据的人去管理并应用。
- 平日“养数据”大有好处，这些数据不仅可能成为企业战略分析的关键数据，而且对某个关键数据盲点的突破有可能成为企业的必杀技。

思考这十几年来数据能力的演进，游走在变与不变之间，我仍然很确定的是，**数据的存在是为了能够有效地解决问题，而解决问题的核心与关键还是在于预测。**

数据流通，共享价值链关键的一环

要解决企业在大数据时代面临的挑战与威胁，我们首先必须面对数据终将成为企业核心资产的事实。基于这个事实，我们必须首先确保数据能随时在线，因为大数据应该就是当你需要时就立即可以使用，所以数据必定要在线上而不能只存在于线下。**大数据要成为企业核心资产的前提是，数据必须具有足够的流通性，而在这之前，要确保数据拥有方一直到数据最终使用方的中间过程有一个非常好的利益关系，这样，数据流通或是共享的价值链才会成立。**

一直以来，很多人都问我，该如何通过数据去解决企业的核心问题。答案其实很简单，就是从工作流程中去寻找，因为如果工作流程缺乏效率或是存在资源过度耗损的问题，往往也是组织的问题所在。而大数据的起点，基于的是数据和待解决问题之间的对应关系。大多数情况下，我之所以能对未来作出预测，往往是因为以前发生过类似的事件。当以往同类事情发生的次数越多，而我又能尽量完整地把它们记录下来时，我预测一件事情的准确性就会增加。

当我们面对组织内部的实际问题时，在组织问题和数据获取之间通常会遇到以下几种可能性。

- 这个状况或问题不常发生，通常我们称其为低概率事件。因为发生的机会极少，所以我们没有机会获得足够多的数据去应变或作出对应的预测。
- 我们所遭遇的问题可能并不是低概率事件，但是没有人知道或意识到应该要去收集这样的数据（可能因为这些数据的处理与应用成本很高）。
- 企业内部确实有一些数据，但这些数据很零散、格式不标准，散落在企业的不同部门，需要懂得梳理数据的人去管理并应用。
- 企业内部有数据，但被垄断或是被控制在不开放的环境中。

至此，你应该已经注意到大数据的使用与积累是互相促进的闭环系统，断点越少，数据流通越顺畅。这个闭环系统的选择是数据项目成败的关键，要考虑的问题也已经超出了数据本身，同时会涉及企业文化、组织架构。所以我一般给企业的意见是，争取一把手的支持必不可少，因为企业数据化的进程如建罗马一样，并非一日之功。

寻找客户靠数据不靠运气

零售业的朋友对搜索引擎营销可谓既爱又恨，怀疑通过这种方式是否真的能够做到精准营销。对于出口公司来说，获取企业级别的客户更是难上加难。难道就只能靠在一年一度的交易会上碰运气？如何才能用更有效的方法精准地找到目标企业呢？

我做过这样的尝试（那时还没有大数据概念），发现可以从曾经参加过交易会的企业买家网站上，快速收集到他们的购买意向数据，然后经过分析，自动配对出有意向的准买家名单。这种方法让我轻而易举地识别出了大量潜在客户，并能准确地知道这些企业的业务需要。

个人消费者倾向于保护自己的信息，相较之下，企业就比较愿意对外公开各方面的资料，如他们从事什么行业、是否零售、有没有在线业务、是否属于中小企业等，这些免费信息经过整理就可以变成商业情报。我当时就想，如果有家公司能直接帮我收集信息，并推送这些企业客户就好了。

最近我发现，已经有公司开始用类似的方法解决企业采购问题了。Lattice Engine这家从事B2B销售预测的数据分析公司，发布了一款新产品，可以用两个关键词概括该产品的新方向：意向和预测。他们聚焦在整合企业客户的意向数据以及预测客户需求上。

THE NATURE OF BIG DATA
智能商业的未来

Lattice Engine擅长帮助客户在已有的数据库中寻找潜在需求，并识别客户信息，包括企业是否获得新的资金，是否建立新的办公室，是否购买了新的服务器、存储系统，等等。

在获取新客户这个方向，Lattice Engine可以帮助客户在他们原有数据库之外发现新对象。它增加了一层新的信号，称为Prospect Discovery。通过抓取相关产品的搜索信息，以及社交网站上发布的相关内容等，Lattice Engine可以帮客户发现新的潜在购买对象。比如，他们会留意企业的意向数据（intent data），通过追踪目标企业，发现某公司的员工正在关注某一个产品。

这些数据可能来自博客、LinkedIn上的交流以及专业文献。进而，他们就可预测目标公司可能会采取什么样的采购决策、现金周转速度等。Lattice Engine的数据供应商会专门收集专业内容的下载情况和交易会的注册情况等数据，以便更好地分析企业的需求。

在大数据时代，我们已然可以利用无处不在的数据来预测商业需求。Lattice Engine公司正是利用各种渠道公布的信息来预测商业需求，并根据此类信息为企业推荐合适的供货商。我们可称之为企业级的推荐引擎。

其实，在数据的使用方法上，针对企业的预测分析与针对消费者个人的预测分析在本质上一样，但企业预测分析所要收集的数据来源更多、更广，并需要具有高度的行业专业性。我们可以肯定地说，数据无处不在，身在传统行业也需要多留意数据。我相信，再过 10 年，不用大数据的企业将追悔莫及。

企业用数据的三个窍门

用数据这门学问就像武功，“台上一分钟，台下十年功”。行情好的时候不“养数据”，市场差时就更难临时抱佛脚。**平日“养数据”大有好处，这些数据不仅可能成为企业战略分析的关键数据，而且对某个关键数据盲点的突破有可能成为企业的必杀技。**今天我就跟大家分享企业如何用数据的三个窍门。

AAR 原则锁定客户

首先，企业应该确定谁是你的目标客户，通过哪些渠道可以找到这些人；当这些客户进来后，他们的成长轨迹是怎样的；这些客户对你是否满意，他们是否会离开。这就是我经常使用的 AAR 原则。

- 第一个 A 是 acquire（获取），即如何用最有效的方法获取核心客户。
- 第二个 A 是 activate（活跃），让获取到的客户快速成长，变得活跃、有黏性。

- R 即 retention（保留），防范核心客户的流失。

数据可以贯彻这三个阶段的始终，既可以帮你找出核心客户，也可以告诉你什么服务和价格能让他们变成忠诚客户，同时还可以用数据模型来预测客户未来的需求，甚至是他们离开的概率。当企业充分掌握客户当前状态的数据后，就可据此进行预测，发现问题马上纠正，这就是懂得用数据的企业所做的。例如，当你发放现金券给客户时，是否想过什么时候该给他当次使用，什么时候要留待下次使用？企业乱发现金券或经常打折，不但太博爱，还会让客户养成“无折不买”的习惯。

行为数据比结果数据更有价值

企业通常关注的重点是交易数据，比如一天有多少客流量、多少交易额，却忽略了这些交易背后的原因。当把客户的行为数据（交互行为）和交易数据相关联时，企业就会知道，用什么产品吸引什么客户最有效、什么价格能让这些客户活跃起来、怎样能让他们对这个平台更感兴趣。我们甚至可以预测到客户流失的蛛丝马迹。**客户的行为数据不一定能产生交易，但可以让我们更了解他，让我们知道他为什么会买或者为什么不会买。通过行为数据去发现客户如何做决策是个重要课题，即使是负面数据也可能有正面作用。**

在互联网世界，这些可以进行关联的数据其实是唾手可得的。若不知道哪些数据有价值，也不知道哪些数据可以交叉分析产生价值，这着实是一种浪费，相当于将鱼翅当粉丝。

从小处着手

假如中小企业希望充分使用数据，我的建议是，从结构化的、已有的数据开始，一步一步开展。**中小企业要有清晰的具体目标：希望数据帮自己做什么、数据能解决什么问题。必须谨记，我们面对的是消费者，数据的收集、整合、决策、反馈都必须从消费者出发，以人为中心。这样才不至于太分散，盲目地“为了数据而数据”。**另外，企业不应把客户看成一个整体，因为解决了客户的一般性需求，不等于了解了客户的特殊需求。在大数据的驱动下，批量生产的个性化或许并非遥不可及。

THE
NATU
OF
BIG D

RE

ATA

第三部分

数据变现的四大场景

大家可能从没未想过，人工智能颠覆的其实是思与考的自动化。早期信息技术的强项依然意在节省劳动力，直到近年来深度学习的出现，人们才发现，原来识别、识知、学习已经不是人的专美。许多过去我们认为只有人才能胜任的工作，如今机器却能比人做得更好、更快。不过机器取代人的方式，不一定如我们所想，它未必是有手有脚有五官的机器人，而是体现在我们生活的细节中。我们见到的是百花齐放的景象，金融科技、大健康、新零售、共享经济及智慧城市等领域，都在积极使用人工智能和大数据。另一方面，科学家们对未来的预测也颇为极端，有人认为 5 年内我们将见证人工智能的重大突破，但也有人认为人类正走向灭亡之路。我个人认为，一切工具本身并无善恶之分，未来依然由人类掌控。且看数字经济如何为人类带来美好前景！

08

THE NATURE OF BIG DATA

大数据助你活到 120 岁

THE NATURE OF **BIG DATA**

未来人人都是分析师

- 认知计算将为人类带来革命性的改变。
- 如果“上帝”有一个算法，那么终极算法就是其他所有算法的“上帝”。
- 对于技术公司来说，文本分析已不再有趣，下一步的关键是知识图谱，即如何从数据中提取知识。
- 以前我们带着问题去找答案，如今在认知科学的带领下，我们可以真正地让数据去探索未知。

说起看病，我想很多人都会觉得痛苦不堪：排队长、看病慢、费用高。如果换一家医院，往往需要重新做一遍检查。所以，很多中国人都有个愿望，就是能有医生、律师、会计师来做自己最贴心的顾问，帮助自己管理身体健康、处理法律事务或是理财。这是痴人说梦吗？现在，美梦或许将逐渐成真。

医疗业酝酿大数据突破

美国初创公司 Kyruus 正在深挖医疗领域数据，高效地配对医生和病人。如果我们看看航空、旅游业的做法，就很容易理解 Kyruus 在做什么事情。

30%~40% 的医生每天都有空档

我们预订机票、酒店时，能很方便地根据指定时间、地点、星级等条件找到合适目标，那为何不能用这种数据驱动方式寻找医生呢？瓶颈原来在数据的可获取性上。

THE NATURE OF BIG DATA
智能商业的未来

Kyruus 花费了大量精力探索多个数据系统，把所有与医生相关的数据整合在一起，包括预约系统、评价系统、索赔和账单数据。医生信息系统包括专科、语言、地点、邮箱、最早可预约时间等。当我们细看这些数据时会发现，大家一方面感叹医疗资源不足，另一方面竟然有 30%~40% 的医生每天都有空档！通过 Kyruus 这个平台，将大大减少医生的空档，提高医疗效率。

波士顿和洛杉矶的一些医疗保险公司已经开始使用这一项服务，Kyruus 采用对医生收费的盈利模式，包括首次数据采集发布费用及后续的月费。目前 Kyruus 平台只向医疗保险公司开放，但很快将直接面向病人。

在上述例子中我们看到，Kyruus 整合了医生的数据，但在医疗领域，大部分数据仍未打通。例如，哪位医生开了什么药给哪个病人，这个病人吃药后效果如何，他以前的病历是否对药效有影响，甚至无数不同的病人对不同药物的反应如何，人的基因与药物测试结果的关系，等等。不同医生的诊断数据能否相互关联，形成一个庞大的数据库，进而让机器从中学习，并找出最有效的治疗方法呢？

认知计算，助力医疗大变革

IBM 第一位女性 CEO 罗睿兰（Virginia Rometty）一次在国际消

费类电子产品展览会（CES）上发表演讲时提到，我们正步入认知时代。过去 10 年，IBM 一直在推进名为 Watson（沃森）的认知计算项目。2011 年，Watson 参加电视智力竞赛节目《危险边缘》，力挫群雄，战胜两位人类冠军，一举成名。

IBM 等一众科技公司推断，**认知计算将为人类带来革命性的改变。**其独特之处在于，通过大数据的方式，利用数据采撷、模式识别和自然语言处理等技术，机器就可能像人脑一样自主学习。

三大领域重点推行

目前，IBM 重点在医疗、金融和客户服务三个领域推行认知计算。在医疗行业，认知计算提供个性化服务，协助医生进行搜索和分析，担任医生的咨询助理；在金融行业，它可以解读财务法规、经济和社会数据等信息，提高商业洞察力；在客户服务方面，它通过分析客户行为，提供更好的体验与互动。

THE NATURE OF BIG DATA
智能商业的未来

以医疗行业为例，全球目前有超过 4 亿糖尿病患者，人类每年在糖尿病管理上的花费就超过了 6 000 亿美元。自我管理对于糖尿病患者来说既可能是一种释放，同时也伴随着风险，一不小心就会让他们成为急诊室的常客。因此，能否提前 3 小时预测患者糖尿病的发作情况，就成为关键。

最近，Watson 与医疗科技公司 Medtronic 合作，开发出了一款

> 应用产品，能够持续监测使用者消耗的卡路里、体内血糖含量以及精确到以克为单位的摄食量。例如，在外就餐时，糖尿病患者可以在进餐前计算他拟点的菜肴会对这一天的摄入有什么影响，便能在3小时前预测到发病的可能性。

通过建立特殊领域知识分类技术，认知系统能够充分理解问题，并可给出能被人类理解的答案，这个把思维过程模拟为计算模型的突破，非同小可。与其说这是建立一套模拟人类思考的科学，不如说它可以加强我们对这个世界的认知，从而增强人类的智力和决策能力。**特别是在那些牵涉复杂情感和推理能力的问题上，认知计算将发挥不凡威力，虽然不能代替人类决策，但可以为人类提供决策建议及背后的理由。**

目前，Watson 等众多认知计算项目都只在起步阶段，距离终极算法还很遥远。若想要它们接近“终极”，我们就必须不断给它们喂食，而食物正是大数据。算法是否更聪明，重点就在谁“吃”下的数据更多。例如，微软在搜索方面一直在努力追赶谷歌，其技术并不逊色，却始终无法动摇谷歌的地位。原因很简单，因为谷歌“吃”的数据远多于微软。

华盛顿大学教授佩德罗·多明戈斯（Pedro Domingos）在其著作《终极算法》中如此描述认知计算的终点：终极算法就是通过机器学习的方式，自动发现和创造其他所有算法的主算法。换句话说，**如果“上帝”有一个算法，那么终极算法就是其他所有算法的“上帝”。**

知识图谱，知别人所不知

一位大学校长曾经问我："你认为大数据到现在为止，对人类最大的贡献是什么？"我毫不犹豫地回答："在医学领域。"毫无疑问，大数据对医学的贡献是最伟大、最无私的。因为通过大数据在医学上的应用，可以减轻无数人的病痛，挽救很多人的生命。大数据对人类的价值无限。

> 阿里曾邀请 IBM 沃森实验室的高层给当时的数据团队做分享。这位高层提到，IBM 做过一个非常有意思的项目，就是如何快速决定是否对某种有助于治疗癌症的蛋白质投入研究。
>
> 大家可能知道，有些蛋白质有助于癌症的治疗，但每研究一种这样的蛋白质，耗费的人力、物力都非常大，10 年时间可能也只能研究 10 多种。但 IBM 用了一个方法，就是用机器"读"完近 30 年来有关蛋白质的所有论文，从中确定蛋白质间的关系，进而决定哪一种更值得研究，大大节省了研究资源，并提升了效率。

其实，IBM 所用的方法就是认知科学，多年前他们已开始使用，而美国也有越来越多的企业开始利用认知科学来解决更多问题。

说起认知科学，认知计算公司 Digital Reasoning 的行政总裁蒂姆·埃斯蒂斯（Tim Estes）提出了一些有趣的观点。他于大学期间创办了 Digital Reasoning，十几年来一直担任行政总裁。他笑称，文本分析已经死亡，取而代之的是知识图谱。其实文本分析从来没有像现在这样被广为需要，且可通过大量的开源工具完成。**但对于技术公司来说，文本分析已不再有趣，下一步的关键是知识图谱，即如何从数据中提取知识。**

知识图谱的认知过程大致分为三个步骤：

- Read（读取）：读入所有的数据文件，如邮件、文档、社交文本等，并将其结构化；
- Resolve（解决）：从中提取重要的信息，并和其他信息相连接；
- Reason（推理）：通过这些相连的知识图谱，利用机器学习的方法找出最后的图谱。

某上市公司 A 公告任命一位董事，Digital Reasoning 就可通过“读取”转化分解为人、公司、动作、职位等结构化数据；再通过“解决”连接该人的历史工作记录、朋友与同事关系等；最后通过“推理”发现该董事以往同事的朋友在售卖 A 公司的股票。这是 Digital Reasoning 的典型应用案例。通过这些技术及产品，Digital Reasoning 在金融犯罪、网络安全等领域有很多成功的实践。

在知识图谱领域，谷歌是当之无愧的领先者，Facebook 是最快的追随者，微软也在快速行动。近年来美国政府花费不菲，在多个领域、无数项目中尝试了知识图谱的方法，而 Digital Reasoning 正是从这些政府 IT 项目中产生的稀有成果。目前，该公司正为政府和金融业提供知识图谱的相关服务。

企业高层最怕见到一大堆数据报表而非观点，更怕那些带着观点然后找数据来证明自己的分析师。知识图谱的探究，让我们开始见到从大量数据及其关联之中获得新知识的曙光。**以前我们带着问题去找答案，如今在认知科学的带领下，我们可以真正地让数据去探索未知。**

试想，还有多少专业领域正等待大数据去革新？越是看起来牢不可破的行业，就越蕴藏着大商机。当大家发现数据资源比较丰富（已数据化），但基于技术或组织等原因而导致数据资源十分分散的行业，这个行业就值得立即革新。**“关联”就是大数据的创新精神。**

我相信，我们正在加速这方面的发展，希望借助大数据的力量，打破更多传统行业的壁垒，让人们过上更轻松、更幸福的生活。

09

THE NATURE OF BIG DATA

消费金融，大数据变现的极佳场景

THE NATURE OF **BIG DATA**

未来人人都是分析师

- 每一个支付场景都需要完美的支撑，最终才可以让你的资金变得“远在天边、近在眼前”。
- 众筹平台是二级市场对融资的解决方案，其巧妙之处在于，集融资与营销于一身。
- 金融科技是一个非常庞大、无所不包的行业，它才刚刚起步，有着巨大的增长潜力。但它的先决基础是要有大量敏感数据的互联互通，这对传统金融行业是巨大的冲击和考验。
- 任何区块链都必须要有效地实现规模化，从概念验证迈向成功实践的过程中，区块链需要一个管理机构来决定谁有权使用、谁负责维护。

“金融科技”（FinTech）是一个新生的合成词，乍一听上去，好像金融业此前一直与科技毫不相干。其实刚好相反，20 世纪 80 年代金融业就是最早大量使用信息技术的行业，Oracle、IBM 也在这个时期赚得盆满钵满。我们今天所讲的金融科技，其实是互联网 20 年来的发展结晶，是大数据和人工智能的结合体。现在，大家更常用的称呼是互联网金融。

记得马云有一次问淘宝、天猫的业务总裁，说互联网的本质就是无时无刻互联互通，理应 24 小时营业，但为什么淘宝“小二”（支持人员）半夜都不上班？这个问题就引来了后来我负责的“无人车”项目，数据部门开始积极思考如何做到随时随地用更有效的方法，甚至全自动地满足客户的需求，让金融服务能无缝地惠及社会各阶层。

消费金融的 5 大趋势

如果你还是不太明白什么是消费金融，不如我再给大家举几个例子。

让“信用不佳”的消费者获得贷款

这类业务利用新的评估方法，让一些原来无法得到传统信用风险评估体系认可的消费者获得贷款。这种创新其实是利用了一些从前无法获取的互联网行为数据作为参考，动态地对个体进行打分并作出评价。不过，有时也会闹出一些笑话，例如有人会跟你说，千万不要过期不缴电话费，因为这样你会丢失很多信用分。这种 P2P（个人对个人）贷款形式，更是已经能做到短期无抵押贷款及还款，而这些原本是传统银行不愿意做的生意。

个人财富管理新范式

这类业务向消费者提供管理个人财富的新方式，对于一些精打细算的朋友来说并不陌生。但若要让我这样粗枝大叶的人也可简单容易地追踪开支、管理预算、处理信用卡还款，大数据的整合就成了必备条件。就像我有很多朋友，都是在收到支付宝年度账单的时候，方感慨自己竟如此“败家”。

每一个支付场景都需要完美的支撑

这类支付业务围绕着消费者开展业务，从网上缴水电费、物业管理费、交通罚款、加油费、捐款，到各种线上线下购物。比如近来的新年微信派红包，已经风靡大江南北。你可能会说，移动支付不是很简单的事吗？且看每年春运时的火车票支付系统失灵，你就会明白移动支付的背后其实有着非常复杂的网络系统连接着银行、支付机构、商户及消费者终端。**每一个支付场景都需要完美的支撑，最终才可以让你的资金变得“远在天边、近在眼前”。**

众筹，股权融资新模式

这是私营公司用股权换取资金，以及投资者参与私募证券市场的新方式。**众筹平台是二级市场对融资的解决方案，其巧妙之处在于，集融资与营销于一身，投资者大部分既是用户也是股东。**据我所知，这类私募方法已经开始渗透到各行各业，如果你觉得众筹融资拍电影还不够新颖，且看有一天地产界也来一招“众筹买地”。

如何用好金融交易安全这把双刃剑

安全从来都是把双刃剑，过度的安全往往令用户的体验障碍重重，其中验证用户身份一直是互联网的罩门。

近年来，人工智能的进步催生出许多防欺诈新方式，除了指纹认证外，还有人脸识别甚至掌纹扫描等，务求做到“不见庐山真面目”也能识别你的真实身份。曾经有一位业内安全专家预言，未来有一天，密码也会变成过去式，只靠生物识别和位置验证便已足够。

金融科技是一个非常庞大、无所不包的行业，它才刚刚起步，有着巨大的增长潜力。但它的先决基础是要有大量敏感数据的互联互通，这对传统金融行业是巨大的冲击和考验。在阿里做数据安全的时候，我们一直提倡安全原则是为了发展业务而建立的，并不是为了安全而安全。

我的信用，我决定

你试过信用卡逾期未还吗？如果我告诉你逾期还款三次以上，会影响你日后贷款的利息，你可能就不会轻易忘记还款了。信用分数一直是个黑盒子，人们不知道自己为何会得到这样的评分，得不到适时反馈的结果就可能是我行我素。每一次我们悔不当初时，心里总会想：如果早知道就好了。

其实，生活中不少反馈都是滞后的：等体检后才知道有“三高”，等失眠了才知道喝了太多咖啡，而事后再弥补和改正可能已经晚了。未来，大数据可以帮助我们“早知道”一点吗？再进一步看，大数据可以帮助我们迅速纠正错误的判断和行为吗？答案是肯定的。

现实中已有不少很好的例子，比如健康手环，它可以实时地收集使用者走路、休息、睡眠、心率等活动的数据，督促使用者更好地自律，更健康地生活。根据这些数据的反馈，人们可以马上采取修正行动。

创新金融公司 Credit Karma（CK），是一个打破“信息黑盒子”的真实案例。CK成立于2007年，业务完全基于信用数据，继而发展到品类繁多的个人金融服务，目前已有4 000多万用户，占美国人口的12%，这一数字非常可观。在美国，信用分数至关重要，大至房屋贷款，小至租房、租车，对一个人的信用判断都强烈依赖信用分数，几乎所有人对自己的信用分数都非常重视。

CK是一个免费的个人信用分数管理平台，把曾经只有信用机构和金融机构才能取得的信用数据透明化。在得到用户授权的情况下，它从美国三大征信局提取信用评分并提供给用户，又在用户的分数发生突变时及时通知。同时，它还可以帮助用户理解影响其信用分数的关键因素，例如申请信用卡太多会造成负面影响。CK还能为用户提供信用工具，例如信用分数仿真器，仿真发生某种个人金融行为对信用分数会造成怎样的影响。

在提供个人信用管理服务的基础上，CK基于对个人信用数据的了解，进而发展为个人金融服务平台。CK相信，他们拥有足够的数据来为用户提供金融建议，当用户的信用分数上升时理应获得更低利率的贷款。CK会在第一时间为用户提供最佳的产品推荐，现已包括信用卡、贷款及保险等。

梵文“karma”可简单翻译为“因果”，这个因果可能是有延迟效应的（佛家叫“业”），当中可分为“共业”与“自业”，对应着数据收集，便可解释为个体反馈与集体反馈。信用评分与经济大环境向来息息相关，大数据能给个人带来的就是集体经验的反馈。用户通过收集自己的健康数据，可以改善生活习惯，促进身体健康。若能导入类似人群的健康数据做比较分析，必然会得到更好的健康指导。

我认为，**大数据的趋势是运用集体智慧去优化个体的意愿，这种互动是一种全新的生活方式**。以 CK 为例，人类与大数据之间的互动，将会加速变革很多传统行业，使之产生翻天覆地的变化。

区块链，房地产买卖的未来

自从比特币（Bitcoin）概念成形以来，“区块链”（Blockchain）作为编码技术便大受业界追捧。这种技术有其巨大优势，能使各种交易去中心化，并让各种数字资产不会因为个别数据遭到破坏而有被抹除的危险。基于区块链协议开发的软件，也可提供更安全、更快速、更低价和更透明的办法，替代传统金融机构因互相交界而产生的复杂清算流程。

利用区块链技术可以颠覆更多行业。去中心化平台无须中央监督仍然能够防范欺诈，此优势有利于吸引更多金融企业。过去一些流程费用高昂，各方要投入大量人力来审查、批准和核实的问题，现在都可以通过此技术来解决。

THE
NATURE OF
BIG DATA
智能商业的未来

除了金融业，美国有公司正在利用区块链技术为音乐人搭建更加直接的支付通道，并利用智能合约自动发放版权授权。用户可以收听音乐，然后通过区块链直接付费给音乐人，没有任何中间环节。这类平台也希望能让音乐人和听众实现更为直接的互动，以及更好地记录下歌曲演唱者与创作者的信息。

另一个例子是解决房地产买卖的痛点，包括在交易期间和交易后缺乏透明度、手续烦琐、存在欺诈风险、公共记录出错等问题。区块链能够减少所需的纸质档案，加快交易速度。区块链在房地产行业的应用有助于记录、追踪和转让土地所有权、房契、留置权等，并能确保相关档案的准确性和可核查性，同时加强透明度和降低成本。

然而，每一种新技术被广泛使用之前都会存在很多障碍，区块链也不例外。**任何区块链都必须要有效地实现规模化，从概念验证迈向成功实践的过程中，区块链需要一个管理机构来决定谁有权使用、谁负责维护。**

这些障碍虽然并非不可逾越，却说明了区块链技术不太可能像某些人期望的那样，迅速而彻底地颠覆各行业。如无意外，区块链的普及将是一个反复的过程。但从大数据实践的角度来看，我很肯定，区块链未来绝对会成为不可或缺的数据来源。

10

THE NATURE OF BIG DATA

与“砂锅”对话的时代来临

THE NATURE OF **BIG DATA**

未来人人都是分析师

- 机器将变得越来越聪明。它们无疑将重新定义传统的生产方法、管理架构、服务形式，甚至重塑政府与民众之间的关系。
- 语音助手的使用已经达到引爆点，并在走向大规模普及的阶段。
- 当未来的机器人具有“声色香味触”等功能时，或许感情与烦恼就不再是人类的专利了。
- 人工智能的发展速度正在超出汽车行业的预期，但让汽车变得足够聪明，无须人类介入便可随时随地实现自动行驶，可能还有很长一段路要走。
- 打造连荧幕都没有的智能对话平台，让用户通过语音和耳朵控制家中的设备。

10

与“砂锅”对话的时代来临

前段时间，世界排名第一的围棋九段高手柯洁在浙江乌镇对阵人工智能 AlphaGo。尽管第二盘比赛一度出现胜利曙光，但后来因为中盘的一个低级失误，柯洁最终无奈被 AlphaGo 逆转击败。我当时由于正带着几位香港业界朋友赴贵阳参加 2017 中国国际大数据产业博览会（即数博会），无缘在现场观看这场世纪之战。不过，远在贵阳数博会，我们也热烈讨论了什么是机器智能。

谈及柯洁与 AlphaGo 的这场人机大战，马云在数博会上发表了观点。他认为，机器赢了人算不了什么，汽车跑得比人快，计算机工作 24 小时不用睡觉也很正常，大家何必大惊小怪！马云还警告，机器取代人类工作是必然趋势，跟不上时代的人自然会丢掉饭碗。嘉宾中的一位华人科学家跟我强调，这次比赛中，AlphaGo 为了突显算法威力，用的只是单机版本。

那么，机器智能是否有可能超越人类，创造出全新的可能性？**基于机器收到的数据之多，内容之丰富，机器将变得越来越聪明。它们无疑将重新定义传统的生产方法、管理架构、服务形式，甚至重塑政府与民众之间的关系。**

大数据助力“人机对话”

有一天晚上准备睡觉时，听到隔壁传来女儿跟苹果智能语音助手 Siri 对话的声音。我太太问我，这样正常吗？我告诉她不用担心，这是目前的趋势。根据不久前美国“用户普及率调查”的结果，**语音助手的使用已经达到引爆点，并在走向大规模普及的阶段。**

今时今日，无论在车里还是在家中，越来越多的人开始通过语音的方式，与智能助手进行互动。他们通过各类可穿戴设备，甚至是遥控器、无线音箱等智能家居产品，发出语音指令。例如，亚马逊开发了一款名为 Echo 的智能音箱，它不仅可理解人类的话语，还能帮你订比萨、打车，甚至在亚马逊网站为你下订单。这些会听、会说的智能助手，正在成为让人类与数字世界进行沟通的最直接工具。

前段时间，我在美国旧金山就拜访了 Semantic Machines 的创始人兼 CEO 丹·罗斯（Dan Roth），这家公司的成员很多都是 Siri 和 Echo 的幕后功臣。如今，罗斯领导着一个汇集了自然语言处理、语义理解、会话计算等领域专家的顶级团队，目标是攻破人机对话领域这个老大难的题目。

罗斯把他们正在研发的革命性技术称为对话式人工智能(Conversational AI)。与Siri相比，这种技术能够更真实地了解用户本人的意图，哪怕用户从一个话题跳到另一个话题，又或者说的话不完整、不连贯，而这些正是人类对话的自然特点。这些特点正是目前这类技术的难点所在，相信了解破解自然语言难度的人都清楚，这项研究一旦成功，必然会改变世界。

微软前全球副总裁陆奇曾经透露了微软关于“对话即平台”的理解。他说，微软之所以致力于开发智能对话机器人，实际上是为了铺垫未来的人机对话模式，由图形接口走向对话交互接口，为这个新生态环境过渡做准备。在智能手机或智能手表上，或是未来被隐形地运用在墙上，当图形化接口不能完全满足需要的时候，自然语言交互可能是更有效的补充，甚至是可替代的选择。

随着大数据与人工智能的融合，当未来的机器人具有“声色香味触”等功能时，或许感情与烦恼就不再是人类的专利了。

无人驾驶汽车的无限可能

在一次会议中，以色列驾驶辅助系统公司Mobileye创始人预言，无人驾驶到2021年就会实现。谷歌无人驾驶汽车项目总监前任克里斯·厄姆森（Chris Urmson）也曾预计，在几年后出厂的无人驾驶汽车将不再配有方向盘、油门和刹车踏板。相对于谷歌破釜沉舟式地力推无人驾驶技术，Mobileye则强调循序渐进，例如采用自我调整巡航控制和紧急制动，即高级驾驶员辅助系统（ADAS）。

从成本效益角度看，谷歌采用一系列较昂贵的传感器，每辆无人驾驶汽车的传感器成本高达数万美元。Mobileye 迈出的第一步，却是一套完全围绕一个摄像头打造的系统，其生产成本还不到 1 000 美元，难怪该公司能以天价估值惊艳华尔街（市值近 100 亿美元）。Mobileye 还以众包的方式与汽车行业多家企业合作，从特斯拉、实时地图到导航公司，全面瞄准无人驾驶汽车市场。

谷歌在深度学习的路上越走越快，继打败围棋高手后，这次致力于无人驾驶汽车。通过深度神经网络，在极少或完全没有人工干预的情况下，通过不断试错，自我训练出驾驶机器人。同一研究团队同时还让人工智能学习像人类一样玩电子游戏，同样不加任何指点，全靠人工智能在实践中自学，自己摸索如何“过关”。

有专家对汽车“自学成才”的想法泼冷水，因为驾驶辅助或无人驾驶若要成真，需要的是一种大海捞针的能力，深度学习擅长的是游戏等定义明确的任务，例如识别数据库中的图片或进行语种间的互译。而想完美操控整个驾驶过程，就需要颠覆很多罕见状况，才可让汽车具备无人驾驶能力。

到目前为止，在某些条件下，无人驾驶是可行的，特斯拉的自动驾驶（Autopilot）系统已证明这一点。但若遇到复杂的城市道路环境，例如驶入环形交叉口，无人驾驶汽车就会拙于应付。**发展速度超出汽车行业预期的人工智能，正在帮助解决这个问题，但让汽车变得足够聪明，无须人类介入便可随时随地实现自动行驶，可能还有很长一段**

路要走。

我曾做过一个商业项目，与上述故事相似。我的团队要为公司研发一个数据引擎，借之替代一个部门的日常工作。这辆“无人车”要代替人去计算什么类型的产品会在14天后畅销，并决定谁去卖、如何卖、卖多久等。类似这样的项目，未来一定会越来越普遍。但到底是谷歌的模式更好一点，还是Mobileye的呢？这其中的优劣，取决于数据全不全、细不细、快不快。

智能家居，让生活更便捷

说起来好像有点疯狂，我想大家从没想过自己的太太有一天居然会跟砂锅对话吧？亚马逊正不遗余力地做这件事情，它的智能语音助手Alexa正被整合到多种单一用途的设备当中。比如，LG把Alexa整合到其生产的一款冰箱产品上，就连福特公司也宣布要将Alexa配置到其生产的汽车中。这意味着，你可以向这些配有智能助手的产品发出指令，让它们查找路况、播放音乐或者控制各种设备。例如，你可以命令烤箱设定好温度，让电视转到即将播放英超赛事的频道，让砂锅提醒你还有汤未煮好……这也体现了科技的最新发展方向，让计算和大数据能力跟着应用设备走，常在用户身边。

以键盘和鼠标为代表的PC时代势必会成为过去。正当谷歌和苹果在争夺智能手机时代的主导地位之际，亚马逊则试图“弯道超车”，打造连荧幕都没有的智能对话平台，让用户通过语音和耳朵控制家中的设备。

谷歌则试图通过 Google Home 拼命追赶。这是一款类似于 Echo 的智能音箱，其使用的接口 Google Assistant 与 Alexa 很像。此外，分别打造了人工智能助手 Siri 和 Cortana 的苹果和微软，也不甘示弱，在该领域积极研发。

科技媒体 CNET 也为此记下了一笔账，即亚马逊、谷歌和苹果的物联网平台各自获得了多少第三方的支持。亚马逊是显而易见的赢家，有 31 家公司发布了兼容 Alexa 的产品；苹果位居次席，有 16 家公司展示了兼容 HomeKit 的产品；排在第三位的谷歌则远远落在后面，只有 10 家公司的产品兼容 Google Assistant。

在智能语音技术上，并非美国一家独大，中国在这一领域也在积极跟进。据我所知，阿里和腾讯正在奋起直追，最起码在客户服务上会有极大的进展。

就像电力发明之初，人们仅能想到电灯泡，而后来却发明出各种如洗衣机、电视机等电器。大数据作为一种“新能源”，其想象空间绝非我们今天所能预见。就像我在建立支付宝商业智能部时，也没有想过，数据分析师的工作将来有一天可能会被淘汰。谷歌在短短几年间，已经开始通过平台输出人工智能以供中小企业使用。未来，还有更多超乎你我想象的事情等着我们去挖掘。

11

THE NATURE OF BIG DATA

神秘的数据异类

THE NATURE OF **BIG DATA**

未来人人都是分析师

- 企业想要获得更多利润，就必须懂得如何挖掘更多数据，并使用数据去驱动决策、流程、产品，甚至更多数据，让数据成为商业闭环系统中实现自我优化的原材料。
- 大数据领域有一种方式叫“people find people”（人找人），即你只需要告诉它一个目标名单，它就能找到近似这个名单的人给你，而无须你预先描述目标特征。
- 运用数据把决策前置，既是一种技术较量，也是一场组织变革。
- 大数据落地的三部曲是：意愿、能力、工具。
- 未来的大数据将不限于公司之间的竞争，更是国与国之间的实力比拼。

剑桥大学心理测量中心2008年在Facebook上发布了一个小小的应用程序，名为MyPersonality，可以进行心理量化测试。早在20世纪80年代，这类测试已有比较成熟的模型。例如，使用问卷调查方式量化受访者的性格特质，包括开放性、责任感、外向与否、亲和力及情绪稳定性，合称为OCEAN，心理学家基于这5种维度，可以准确预测被试的行为方式。

可是长久以来，这类测试却因为数据收集困难，未被广泛使用，直到互联网发展成熟，在线行为数据才较容易获得，有关测试才开始受到心理学家关注。其中一位就是剑桥大学的心理学家迈克尔·科辛斯基（Michael Kosinski）。他设计出一种系统，可以基于一个Facebook用户的68个“赞”（like）准确推断用户的特质，估算其肤色的准确率高达95%、性取向为88%、是否支持某一政党为85%，甚至能猜到用户的父母是否离异。说来也神奇，就凭着分析Facebook

上 68 个“赞”，科辛斯基的系统就足以比你的好友更了解你。若有 300 个赞，这个系统还能超过你的爱人对你的了解程度呢！

心理测试大数据，准确率高达九成

英国脱欧运动以及特朗普 2016 年竞选美国总统时，都使用了一个名为 GroundGame 的应用程序，结合上面所说的心理测试再加上大数据，借以为选举拉票。这个工具可鉴定某个居民的政治立场和性格类型，让竞选团队更有效地制定针对式的宣传内容。然后派出拉票员通过视像化工具，按照居民的性格类型游说，再把数据输入系统，这些新数据会很快反映到竞选团队的管理层。

更重要的是，工作人员既可以从数据中得出一个人的心理特点，也可以反过来从选民中找出能影响他们决定的办法。说白了，这是一款“搜人引擎”，能够快速找到所有坚决拥护共和党的支持者，或者识别出摇摆不定的选民。看到这里，你对选举数据化是感到坐立不安，还是兴奋不已？

我在 2011 年也曾遇到一位从美国回来的心理学家，他想说服我使用购物数据做心理测试的实验，目的是帮助猎头公司评估候选人是否合适。对方还说，只要数据足够多，这种测试甚至可用来指导个人做职业规划。当时我认为这个跨度太大，而且有些超出可接受的伦理范围，因为大数据亦有所不为也。

无人超市与新零售

前段时间有消息说，阿里正在杭州建设第一家自有购物中心，预计明年会正式对外营业。知情人士称，该购物中心具有以下几个特点：新零售技术落地试点，淘品牌与传统品牌共存，引入外部有特点的商户及电影院。

如果大家认为阿里的无人超市及新零售购物中心只是“耍虚招”，不过是阿里的一种宣传噱头，那么下面这条消息或许会让你对这个传闻信上几分。不只是阿里，在 2016 年年底，亚马逊在西雅图开了一家“智能”超市。在里面，顾客不必在收银台排队结账，只要拿着商品走出店门，传感器便会探测出顾客选取了什么商品，从而自动地从顾客的账户上扣费。这两个标志性事件都已显现出，科技的发展已经给予了这个时代一个全新的机遇，人们的购物活动会变得越来越便捷。再加上发展了 20 多年的电子商务所积累的数据，大数据作为颠覆传统零售业本钱的时机已经到来。未来，传统零售业将发生更加剧烈的变革。

前些日子，亚马逊宣布计划以 137 亿美元的价格收购全食超市（Whole Foods Market）。让人奇怪的是，一直对消灭实体零售商情有独钟的亚马逊，却在三个国家拥有 460 多家实体店。收购全食超市的举动更是令很多人百思不得其解。但亚马逊在战略上的领先大家有目共睹：他们在 1994 年看到了在线零售的潜力，在 2006 年意识到了云计算的需求，最近又把人工智能作为一种服务提供给其他企业。收购线下零售企业表明，亚马逊又一次预见到了零售领域的新机遇。同样，我也亲身经历过几年内阿里收购银泰集团（百货 / 商场）、与苏宁电器达成合作、陪养出盒马鲜生（水果、生鲜）的业务，同时又发展了阿里云、大数据及人工智能平台，其手法与亚马逊如出一辙。更何况，线下数据仍然是零售业大数据中的一大缺口，显然，线上与线下关联起来的数据便是蕴含着巨大商机的聚宝盆了。

据报道，英国有三家大型连锁超市将在部分门店推出动态价格。这意味着，价格可以随着需求的变化而涨落，这就像上下班高峰时段网络约车的价格浮动一样。但动态定价策略本来就是亚马逊的看家本领！这些事例更说明了科技的边界正从线上转移到传统行业。这种尝试非常考验一家传统公司的大数据积累能力及数据更新能力，而这正好是轻资产技术型企业与重资产的传统企业相互合作的良机。

所以我一直很关注人工智能在零售业的使用情况。美国有一家创新公司叫 **Pattern.AI**，它利用大数据去帮助零售店运用 Look-Alike 算法，利用运营良好的门店的数据去预测下一家店的最佳地址。**企业想要获得更多利润，就必须懂得如何挖掘更多数据，并使用数据去驱动决策、流程、产品，甚至乎更多数据，让数据成为商业闭环系统中实现自我优化的原材料。**由此可见，无人超市是一个智能商业的实验，目的是快速试错。这正符合武术的心法口诀，即“天下武功，唯快不破”。

精灵与大数据

2012 年，谷歌的一个部门发布了一款手机游戏《Ingress》，让不同阵营的玩家相互对战，争夺世界各地据点，更准确地说，是争夺地图上的据点。它利用了谷歌地图的定位能力以及地理位置（GPS）数据集，即街道照片、地形信息、地标文字说明等。

2015 年，该部门脱离谷歌，成为一家独立公司，即 PokemonGO 的开发商 Niantic Labs。利用地标数据，再加上玩家在游戏中的移动数据，Niantic Labs 拥有了一座奇特的“似梦还真”的数据金矿。某种程度上，PokemonGO 玩家就是在共创增强现实版的谷歌地图。

在游戏中你会惊讶地发现，那些精灵出没的地点十分巧合，例如鲤鱼王在河岸上扑腾，这其实并非偶然。Niantic Labs 会基于某区域的栖息环境为其赋值，溪流、动物园和草地、公园等都被转化为相应类型的游戏地点。

从另外一个角度看，PokemonGO 也被视为“监控资本主义”（surveillance capitalism）的第一个重要实例。玩家都乐意交出自己的数据，以成为最佳训练员，但这并不代表它就格外安全。玩家到哪里去、做了什么，以至整个过程的一切，都被开发商深入掌握。

PokemonGO 未来会变成什么？这款游戏本身主要是一种社交体验，其技术在未来的可能性，建基于目前积累的热度。Niantic Labs

也有望利用其新获得的数据，升级游戏平台，并延伸至其他意想不到的领域。最酷的一种，或许是向开发者开放地图和数据集，让更多创新出现。据我所知，国内的游戏开发者已经蠢蠢欲动，这是否会造就另一个风口，就要看资本市场的支持力度了。

“神预测”莱斯特城足球俱乐部黄金球员

“星探”这个职业，在过去一直是个碰运气的活儿。有趣的是，虽然每天都有许多年轻人在做明星梦，星探却需要“众里寻他千百度”。如今，大数据领域有一种方式叫“people find people”（人找人），即你只需要告诉它一个目标名单，它就能找到近似这个名单的人给你，而无须你预先描述目标特征。

THE NATURE OF BIG DATA
智能商业的未来

2016 年在英国伦敦召开的一场数据大会上，有人预测：英超联赛莱斯特城足球俱乐部的中场球员里亚德·马赫雷斯（Riyad Mahrez）将成为值得关注的球员。当时他在演讲中说：“根据我们的数据，目前马赫雷斯不仅是英国最好的中场球员，也是欧洲最好的中场球员之一。我敢说，在本赛季结束时，他的价值将非常巨大。”其数据显示，马赫雷斯在各类足球比赛期间，先后出场 35 次，总体评分 1 118 分，在欧洲排名第 6 位，仅次于 1 635 分的“阿根廷球王”梅西等 5 位球员。

结果，莱斯特城足球俱乐部 2017 年 1 月爆出超级大冷门，首次获得英超联赛冠军。表现神勇的马赫雷斯不但是最大功臣，更荣

> 膺英超联赛最佳球员，即“足球先生”，成了第一位获此荣誉的非洲球员。
>
> 这位堪称“神预测”的仁兄叫瓦莱里·博利埃（Valery Bollier），是一家体育运营商 Oulala 的联合创始人兼 CEO，其公司以其复杂精妙的数学矩阵闻名。他们的系统包含了 70 个取决于球员位置（守门员、后场、中场、前锋等）的不同标准，总共能够衍生出 275 种或得分或丢分的方式。这些方式多种多样，从进球和助攻，到具体射中球门和成功阻截等，尽量量化了接近比赛的真实情况。
>
> 为什么博利埃能够未卜先知，竟在年前就作出如此准确的预测？其实答案就是大数据和信息。球队的班主、教练和星探等，都被这种量化管理震惊。他们难免开始担忧，在大数据领域落后了怎么办？那就等着被淘汰吧。

类似的情况也出现在一些创业公司中。前段时间我探访了一家创新公司，他们用大数据为中小学生做数学能力评测，目标就是解决老师的一些痛点。例如，怎么为学生评分？个别学生对知识点的不理解在哪里？落后的同学如何改进？明星学生该如何培养？从目前教育体系的传统来看，老师看好的好学生自然会得到更好的资源，叛逆的学生就会被忽略，而通过大数据也许会有更好的解决办法。

一盘棋局唤醒商业巨头

一次，我在台北见到了一帮企业高管，话题先从 AlphaGo 开始。围棋九段李世乭的败阵，让大家深感机器人对人类工作者的潜在威胁。

但我却想向大家解释，这件事对我们、特别是企业家的启发在于，大家应该重新审视什么是机器最擅长的，而人类不可被取代的部分是什么。

我发现，当数据越不完整，又或者连问题都尚待定义时，人类在这时就可以凭经验作出判断，而这是机器最不擅长的。长期以来习惯了在数据缺乏下拍脑袋的人，当然很难明白“数据即先机”的道理。**运用数据把决策前置，既是一种技术较量，也是一场组织变革。**从技术的角度来看，现今的 CPU、存储、数据库、网络、计算能力等，其实都不适合高速和大量的非结构性数据运行。数据计算能力看似强大，有时却又举步维艰，这是因为数据量及其复杂化程度远远超出了我们的想象。

技术极限之外的另一个困难是如何运营数据。同样道理，很多企业目前对数据价值的认知也很初级，大都还是非常不习惯主动收集数据。大部分管理人员在做决策前，还是认为数据作用不大，很多决策者还是习惯拍脑袋做决定。企业很容易从数据来源就开始出现纰漏，即数据从下而上的收集已不够齐全。

数据“散慢”，处理须及时

在运营数据的初期，企业往往都会遇到“散慢”问题。“散”意指很多企业的数据散落在不同地区、不同部门，甚至散落在每个员工的计算机上，从未经过整理，因而无法实现整合。即使已经有意识要把数据收集在一起，但速度却“慢”得惊人，有些传统企业看到的可能还是几天前的数据，等真要用到数据时，只能叹一声“轻舟已过万重山”。**“数到用时方恨少”，无计划收集的数据会被视为貌似很全面、实则漏掉很多有用信息的数据来源**。结果就是，数据部门汇总出来的数据其实是错的，而且常常缺乏数据审查机制。

总结上文，**大数据落地的三部曲是：意愿、能力、工具**。即使我们今天已经很愿意使用数据，但仍须配备相对的人力，然后看工具能否用得顺手。鲜有公司像阿里一样，人才鼎盛、数据丰富，而且会遇上各种障碍。事实上，阿里也才刚起步，还有非常大的改进空间。但这既是个问题，也是机遇啊。

揭秘独角兽 Palantir

几年前，我去过一家神秘的公司，那时我是以阿里副总裁的身份去交流。我发现他们办公室门口居然连块招牌都没有，只派了一个普通职员来跟我简单打个招呼，说了几句话，就对我不管不理，甚至连一个 PPT 都没给我看，就让我走了。

从朋友们的口中我得知，大部分人去拜访这家公司时，甚至连门都进不去，也根本不知道这家公司到底做什么业务。几年之后，这家公司变成了市值超过 200 亿美元的独角兽，它就是 Palantir。如今在中国几乎每家数据公司都自称为“未来的 Palantir”，但很多人其实不了解这家公司在做什么。

强项数据集成及保护

近来，我又一次去旧金山湾区拜访 Palantir，并且经朋友介绍，我非常幸运地与该公司的一位高管共进了午餐。对方第一句话就是“Palantir 没有你们想象的那么高科技”，并解释其强项是数据集成和数据保护，不像外界传言般拥有独特的安全数据，亦不做行业性的产品或服务，只是提供技术能力。他很自豪地说，Palantir 拥有湾区最优秀、可解决很多深入问题的数据工程师。

为什么当他提到数据整合的时候，说这才是他们的强项呢？这是因为当我们做数据分析时，数据整合是非常重要的基本功，但很多人都不愿在这一方面花精力。相反，这位高管透露，Palantir 在这方面花费了最大的精力。我和他的想法不谋而合，**数据整合是大数据非常关键的部分，企业若想成为大数据公司，必须在这方面下足功夫。**

这位高管特别强调 Palantir 对数据安全的在意，其所有数据都由用户提供，不该整合的数据，他们绝对不会触碰。他还举例说，美国几家具有代表性的数据公司，都各有不同的数据使用哲学。例如，谷歌会把用户的姓名、账号、联系方式、地址等信息，与行为数据相互独立分开，不会将两者关联在一起，务求更妥善地保护用户隐私。Facebook 的理念就有所不同，策略相对激进，允许两种数据相互交叉、高度关联，所以 Facebook 的广告效果比较好，但在用户隐私保护方面便有伦理风险。Palantir 介于谷歌与 Facebook 之间，有一套完整的策略去决定数据什么时候可以关联，什么时候不行。

只服务 100 家大客户

目前，Palantir 只服务大客户，且只有 100 家左右，但都是美国的大型机构。Palantir 的员工规模约为 1 500 人，没有销售人员，全都是工程师，可以说是一家百分之百工程师文化的公司。它的工程师主要分成两种，一种外派到客户企业，赴现场解决问题；另一种在企业内部，专注制作更好的数据产品供其他工程师使用。

Palantir 不需要销售人员，因为他们认为自家的工程师足够优秀，工程师就是销售人员，可以跟客户企业的 CEO 直接会面。他们一开始谈生意时，并不会事先承诺什么，而是详细确认对方碰到的问题，分析是否有信心解决。当工程师认为有足够的数据和能力去解决问题时，才会提出承诺、接受订单。

Palantir 的收费模式也很有趣，他们前期免费为客户解决问题，在项目差不多确定完成时才会和客户说："我们已经解决了问题，现在付费吧。"当然，解决问题的价格是比较昂贵的，一个项目往往要收取客户数百万美元。

直接跟 CEO 交易

可见，Palantir 的模式是通过进入现场、提供免费服务，以证明自身的能力和价值。而且其服务是高度定制的，Palantir 用最聪明的人、最昂贵的工程师，去解决客户公司最有价值的问题，却不以产品特性或量化产出这样的预期来计价，要么百万美元，要么零收费。所以，Palantir 的秘密之一就是，**把优质资源留给最值得解决的问题、最愿意付钱的公司**。正因如此，他们鲜有和技术主管交流或谈交易，而是直接跟客户 CEO 达成合作。

所以，Palantir 和硅谷其他公司很不一样，谷歌、Facebook 往往先研发好产品，然后推向大众市场；而 Palantir 是问题驱动型公司，追求有效、垂直地解决问题。他们很明确地去解决一个大问题，然后在大问题里赚取报酬。与我交流的 Palantir 高管来自谷歌，他很坦率地说，未来 Palantir 的瓶颈大概也在这里，考虑到日后营收的可扩张性，不排除会逐步做垂直行业的解决方案，需要在精准解决服务和升级模式类型中寻找新定位。

大数据逆转选举

就美国竞选而言，大数据已变成一种标配，即基本招数，例如 2016 年年底的美国总统大选，双方阵营的数据科学家各师各法，对选民的了解程度与从前的统计式民调相比，可谓不可同日而语。

THE
NATURE OF
BIG DATA
智能商业的未来

2016 年的美国大选有一个有趣的故事，总统候选人希拉里宣称，其赞助者有 61% 为女性；但事实上，她的捐款系统并没要求赞助者透露性别。于是便有记者问，这个数据是怎么得来的？答案是：结合其他数据来源，借之确定某个名字最可能属于哪一性别。这其实是一个典型的大数据关联案例，一旦能够标识选民的身份特征，竞选者便可在更为个人化的层面上争取选民。然后再借助社交媒体的渗透力，消息可以迅速传播、迅速修正，而数据监控比过去更具体和实时。可见，现在的美国总统选举已经进入全新时代。

过往大选的数据非常宝贵，虽然保存和更新这些数据并不容易，但这确实可以让竞选团队更了解选民，更清楚在各个议题上该如何反应。

当然也有人担心，大数据给民众带来的危险同样不可小觑。现在的美国竞选活动都在追赶时代的步伐，候选人试图仿效奥巴马 2008 年和 2012 年的竞选手段。竞选焦点是否已经从赋权于民，转变为针对性地操纵民众？但不管怎样，结果证明，大数据确实能为竞选提供强有力的支持，要让未来的竞选团队放弃如此好用的工具，实在有些困难。

正如我一直所说，**未来的大数据将不限于公司之间的竞争，更是国与国之间的实力比拼**。不过，有一点不得不说，尽管大数据可以提供强力支持，成为竞选团队快而准的制胜之道，然而方法论归方法论，有时候人性的光辉也不容忽视。我们不妨反过来思考，大数据的科技含量虽毋庸置疑，但通过大数据成功选出来的总统就一定合适吗？大数据会不会间接地成为祸国殃民的帮凶呢？有时候在新科技更广泛地使用之前，的确必须深思。

世界各地公民投票结果接二连三地爆冷，包括英国脱欧公投和美国总统大选等，令传统媒体和主流民调大跌眼镜。最惨的是，仍然相信民调的“受害者”，大多数至今还是“死因”不明。

让我们回到美国大选的三周前，特朗普数据科学团队的数据仿真器显示，其胜选概率只有 7.8%。但有别于其他分析机构，该团队关注了一群从前不太显眼的选民，他们普遍是年龄较大、居于乡村地区的白种人，思想上更偏向民粹主义，对有权有势的精英阶级恨之入骨。特朗普其后三周辗转到各地拉票时，便顺着这股怒气煽风点火。

科学团队对症下药

有别于过去几届的总统候选人，特朗普习惯夸大其词、言语粗俗，招致媒体和政治精英们的广泛谴责。主流媒体当时以为，特朗普的这些表现几乎就等同于败局已定。没想到，特朗普的仇恨言论非但没有吓走支持者，反而还坚定了他们的决心，并让这个阶层的群众不断壮大。至于其对手希拉里，其实也“帮”了特朗普一把，因为她代表了美国中产阶级早已受够的一切。

特朗普的分析师们越发觉得，民调机构在进行抽样调查时，对本届选民的认识有误。特朗普团队已经明白，他们借助的是一种类似于英国脱欧运动的民众心态。在最后两周,特朗普跑遍了宾夕法尼亚州、威斯康星州及密歇根州。直到大选前夕，他的选情已有很大进步，不过数据显示其胜算仍只有30%。

在此过程中，特朗普成了美国版“脱欧运动”的象征，他的竞选代表了美国政治一场突如其来的盘整。特朗普的数据分析团队明白，其支持者不太一样，他们比其他共和党人更关心三大问题：法律与秩序、移民及工资。他们还深深蔑视两党奉行的政治体制，希望美国回到过去的美好年代，而特朗普似乎代表了回归真正的美国资本主义。

选举投票当日，在佛罗里达这个关键州，乡村地区的投票率比特朗普团队的预计高出10个百分点。后来综观特朗普拿下的所有州份，我们可以看到，均与农村为主的力量强势崛起有关，最终致使民主党溃不成军。

地产大亨出身、此前从无参政经验的特朗普将如何治理美国？过去还没有哪位美国总统的背景像他一样。这种现象是一种偶然还是一种趋势？作为数据分析师，我只能说数据是帮凶，而不会是主谋。

“蛮荒时代”已经过去，不管你喜不喜欢，它正在改变我们的生活与工作。不想被淹没的最佳办法只有一个：大胆地拥抱它。

THE NATU OF BIG D

RE

ATA

第四部分

数据之王的数据化思考

你若问我这一生最幸运的是什么，我可以肯定地说，没有恩师们就没有今天的我，没有在阿里的机遇我也不可能在大数据领域有所长进。时代的压力让我认识到终身学习的重要性，所以我不会放过人生路上的每一道风景，特别是近距离地以分析师的身份去洞察、学习一些人和事。

如果你把别人的经历只当成是故事来听，单纯地觉得故事好精彩，那你所获得的就是一瞬间的乐趣。为什么我们不能换一个角度去想一想，这些人在做一些事情时，为什么要那么做？他们那么做，达到预期效果了吗？我从他们的故事背后能发现什么系统逻辑？从中我能学到什么？古人云“知古鉴今，以史资政”，仅仅知晓道理还不够，还要付诸行动！

随着大数据的发展，要做到“知古”已经不难，但如何达到“资政”，就需要人类的智慧了。在智能时代，我们更需要懂得区分人类比机器更优越的是什么，否则，很容易被机器反噬。正如《易经》的两个卦象“水火既济”和“火水未济”的区别，上下摆位错了，自然会不济不通。人工智能和大数据都是工具，这个时代的商业人士更要有“君子以慎辨物居方”的能力。

12

THE NATURE OF BIG DATA

他们，成就了完美世界

THE NATURE OF **BIG DATA**

未来人人都是分析师

- 所谓大道至简，马云的用人之道无外乎八个字:“疑人要用，用人要疑。”
- 企业保持旺盛战斗力的过程，就是一次次打破惯性旋涡的过程。
- 别人疯狂我冷静，别人恐惧我疯狂。
- 如果你能学会用投资人的眼光去看待事情、思考问题，当机会来临时，你就会是那个幸运的赢家。
- 为团队注入共同的使命，是心力的精髓。
- 终局判断依靠的是想象力，除了经验所赋予的灵感之外，汇集数据去描绘由外而内的产业地图或者由内而外的业务地图也必不可少。其中的难度如人饮水，冷暖自知。
- 任何你以为数据不能告诉你的东西，数据却都能告诉你。
- 只有看透自己才可能看透别人，一切求诸于己，众人皆可为师。

年轻时，我给很多人的感觉是“机灵鬼”，凡事总是追求快速达到目标，喜欢走捷径，以为不可一世，其实却是原地踏步，后来得到了师父提点，要“大道至简”。

其实学习是有方法的，个中一定要知道的就是“大道至简”。很多人都把学问讲得非常复杂，玄之又玄，明明有一条“主干道”可以走，却说得云里雾里，一旦被这些分支影响，你就会被带到坑里，事倍功半。想找到“主干道”，往往比较难、比较艰苦，但你若能找到并愿意坚持，便会破茧而出。

就像我练击剑，击剑重在步法，必须要用功苦练，但初学者都想尽快学会拿剑出招，却忽略了步法才是最重要一环。又比如练太极，一定要在站桩上下苦功，站桩站不好，人的气就不会聚。数据分析也是如此：**在清洗数据时，定义一个数据口径的地方，往往便是成败的**

分水岭。若对数据口径和商业之间的理解不够，便会影响到我们最初的认知，事倍功半。

即使找到学习方法，这也只不过是一种工具。假如没有找到你心中所爱、所喜欢的东西，就很难一路坚持。因为一路上有非常多的艰难历练，谁能熬过去呢？我们能否走到底，一口气是否够长，取决于你究竟爱不爱做这件事，是否愿意投入一生去做，以及这件事做了之后，对外界是否有价值。所以我强调，只有是你享受做的事情，才可能被做好。

马云的两个必杀技：用人疑、破旋涡

在“阿里铁军”，要知道一个高管的“江湖地位”，最容易的方法是看他手下的人数以及他团队中是否猛将如云。原因很简单，因为阿里是不限制内部转岗的，内部人才流向与高管的影响力有关，你是好老大，人家才跟你。所以，阿里内部并不会因为我是副总裁而给我面子，更在意的是战功。

市面上写马云的文章与书非常多，但鸡汤文居多。于是久而久之，马云就被写成了神仙。而作为曾经的阿里人，总觉得应该为中国的企业做点贡献。于是思考良久，我还是决定拿起笔，告诉大家：想成为另一个马云？其实不易也不难，只看你敢不敢了！

我从门户、新闻、搜索、SNS、C2C、B2B，几经风雨，直到

2010年加入阿里，赞叹终于有机会近距离感受一下马云的阿里兵团。后来我终于悟出，阿里之所以家大业大，从打响“革命”第一枪，到成功颠覆主流的过程，其最关键的阶段，无外乎就是一部野蛮生长的故事，更是现代版的《三国演义》。所以，要了解马云，就要知其用人之道。**所谓大道至简，马云的用人之道无外乎八个字：“疑人要用，用人要疑。”**简单来说，即使是高手中的高手提出的建议，他也不会因为一个人的话就孤注一掷。

> 记得在一次饭局上，马云说觉得自己能进退有度，实在有赖于两盏明灯。众所周知，阿里有两名大将，一位是“总参谋长”曾鸣，他的责任是为阿里制订未来方向及战略；另一位是为阿里稳守生命之门（资本）的蔡崇信。为什么说两人是“明灯”呢？马云的解释是，如果有一个项目曾鸣说可以做而蔡崇信说不成，这代表时机未必成熟，但可以一试；反过来如果蔡崇信说可以，而曾鸣觉得不成，代表这个项目可能局面一般；如果两位都说可以的项目，他就算是借钱也要去做。两人真有点“房谋杜断”的意思！但房谋或者杜断都有其缺点，用人如若不疑，怎可把人用得淋漓尽致。于是，阿里就在这两位大将的谋断之下，开辟了商界的“大唐盛世”。

马云还补充说，如果大家都看得懂的事情，说明这事非常靠谱，但也意味着其前景有限。当然，这个也跟公司目前的能力有关。能力所达才算是机会，“所谓战略就是懂得放弃什么”，这是马云的原话。

这也暗示着，你到底敢于投入什么。

不知大家是否觉得奇怪，为什么阿里成立已经快20年了，其管理团队的热情和战斗力却丝毫不亚于当年“十八罗汉”时期的疯劲？很简单，无非是“为有源头活水来”。在马云眼里，如果一个企业想将公司的源动力再提升一个档次，只知道增加粮草是没用的。所以马云认为，**想“弯道超车”，唯一的办法便是打破惯性的旋涡。如果连这点胆识都没有，那你粮草越多，反而会让你死得越快。**

THE NATURE OF BIG DATA 智能商业的未来

2013年，阿里进入了高速发展期，不管是支付宝还是淘宝，都因为有太多的项目要做，而不得不增加大量人手来帮忙。在那段时间，每个部门的人员配置增长得非常快，远远超过了正常水平。当时马云对这种现象表示了怀疑，这太不对劲了。而且，在年底进行人才盘点时，各部门提出的新增员工人数达到了5 000人，而当时阿里有大概两万人。马云很快做了一个决定：2014年不再增加新员工，员工出二进一。

这还了得，下面还不得“炸”了！事实上的确“炸”了，大家都在想，马总是不是在开玩笑！？但大家看马总一脸“违令者斩”的表情，才顿觉这不是玩笑。为什么他要这么做？我们还要全速增长呢！断了粮草还怎么打仗？

但马云的意思简单粗暴：“明年的业绩一定要照做，但是粮草我不会给！你们自己看着办吧。”你是不是觉得很莫名其妙？其实马云的想法很简单：谁都会要钱要粮，但只有良将才能做到励精图治，更何况乱世才出英雄啊!

众所周知，阿里奉行野蛮生长的策略，奉行野蛮生长策略的人，胆子大而且喜欢不断开拓。野蛮生长也有一个弊端，就是在快速发展的同时，一不小心就会进入百花“乱”放的状态（脚比脑子跑得快，腰部力量又跟不上，不倒下才怪），这就是所谓的旋涡。你看吧，各个充满胆略的部门，在勇于开拓新项目、新业绩的同时，因战线太长、项目过大，导致粮草不足，只能靠尽快填补人手来维持开拓新项目的源动力。而阿里的每个部门都争强好胜，干劲十足，一个不服一个，最后就变成了各部门为了完成自己的项目，陷入要钱要粮的恶性循环。这就不难解释为什么阿里在2013年一下子增加5 000名员工的原因了。

马云淡淡的一句话竟然令大家哑口无言:“没有粮草、没有新兵，你们是不是就应该考虑创新的办法呢?”

各部门非得单干吗? 互相之间的资源是否可以共享? 各个部门之间的KPI能否“背靠背”? 资料化运营是否可行? 员工是否到了换血的时候? 各自要钱要粮，增加兵源，只是个最简单粗暴的办法。结果，阿里2014年的年度业绩不仅没有退步，还实现了大幅增长。我想，当年韩信背水一战，亦不过如此。这是一场革命，也是练兵啊。难怪阿里有句话叫“借事修人”。

同样的事情某年依旧发生在营销部门。马云亦断掉了营销部门的经费，同时提出了业绩必须大幅增加的要求，意在打破营销部门增加业绩必须靠要钱这个旋涡。断了营销部门的“兵马”，看似是个门外汉的决定，其实是由于马云用利剑将惯性旋涡斩断。

马云曾经说过，一年最多会为阿里做4个决定，这基本等于“没事别烦我”。回想起来，他的责任除了为阿里制订一个长期战略方向外，最与众不同的，就是他对如何把企业从惯性旋涡中释放出来，有着异于常人的胆略，这也是马云“无为而治”的精髓。我从马云身上观察到三种惯性旋涡：**增加人力才有业绩增长，营销费用与销量挂钩，投机的心态越重越容易做成短线吐利的目标。**

如果要用一句话概括上文，那便是：**企业保持旺盛战斗力的过程，就是一次次打破惯性旋涡的过程。**而为什么只有一个马云？因为目前的中国企业家还没有谁能像他那般大胆地打破旋涡，也没有谁能像他那样敢说出“客户第一、员工第二、投资者第三”这种豪言壮语来。

向风投家学习数据思维

有人问我为什么总能跑在趋势之前，如果我告诉你秘诀是“我运气一直很好”，你会信吗？

离开阿里之后，我告诉自己一定要学点不一样的东西。正好有一次机会，跟红杉资本全球执行合伙人沈南鹏见了面，便灵感涌现，决定从风投这个方向学习大数据的生态发展。于是，下定决心的我便纵身一跃，成了红杉资本的专家合伙人，而投资的逻辑也触动了我对人生的思考。

说到投资，问题有很多。假设你现在手上有一元钱可做投资，面对众多创新公司的投资机会时，你会怎么分析？你问的问题会包括下面这些吗？

- 这家公司对应的市场规模有多大?
- 它发展得快吗? 更重要的是，它比对手快了多少?
- 它的领先优势是什么?
- 这种优势能持续吗?
- 它是如何赚钱的? 效率高吗 ?
- 投资回报率如何?

不知大家是否觉得，世界上有这么一群人，他们似乎一直在赢。当普通人茅塞顿开之时，他们却早已将先机的果实洗劫一空，转向下一个渡口。而大部分普通人，只能在平凡和迷惘中寻找着幸福。这些人一直能赢，并不是他们得到了无字天书，拥有未卜先知的能力。他们之所以可以在这个变幻莫测的时代立于不败之地，很简单，他们拥有精于预测下个风口及如何变现的能力。**想要一直领先他人，你就必须要学会“别人疯狂我冷静，别人恐惧我疯狂”**。不知大家看到这句话时是否发现，这其实就是在赌博啊！

漫漫人生路，靠中规中矩又想弯道超车，无疑是在做梦。想想什么时候应该赌一把便显得极为重要，而每个人其实都会遇过这一刻。怎么赌？选择全力以赴还是以守为攻，结果大不同。这个其实也是

《易经》的精粹：顺守逆取。

顾名思义,“逆取”就是逆流而上,逆流而上首先要学会以小博大,捕捉到大趋势时要勇于介入才有可能成大功。这种机遇都有一个鲜明的特征，即其出现的初始阶段无疑是极为困难并且混乱的。学会拨乱反正，避开因为混乱产生的一个又一个陷阱，寻找下一个航向，尤为重要。“顺守”是在势力做大了以后，要学会持续增长，并且让它越来越强大。确立符合自己生存的战略，不断优化，让自己的优势保持下去。所以，我们也可以认为：**逆取颠覆市场操作，顺守是扩大优势。**

逆取最重要的就是必须要看清形势与把握形势。而看准形势并且把握它(把握机会),绝不是单纯靠天才的慧眼,还要有一番“大学习”,通过观察构建自己的一套系统思维。首先找到主体之间相依、相对、相碍的关系，然后找出它们的成长模式及限制模式。随着时间的推移，你就不难发现事物的本质。在构建系统思维时，要注意几个核心要素：

- 关注系统内主题的正循环与负循环；
- 注意因果，忽略相关；
- 避开短期噪声，关注延迟效应。

见微知著才能洞察先机，真正做到快半拍，这个阶段是胆略大于战略，因为此时的气氛可能非常悲观，只有具有胆略的人才能从危机中看出大转机。利害的转折点是形势的枢纽，想充分把握形势要先明白转折点在哪里。如果上涨的原因只是短线发展中的元素，未必具有利害转折点。

“人生难得几回搏。”这是我的儿时偶像、中国第一个世界冠军容国团的名言。在未“搏”之前，让我先说一个故事。

THE NATURE OF BIG DATA
智能商业的未来

当我还在英士国际商学院（INSEAD）念书时，偶然的机会，我有幸与李显扬（李光耀的二公子）一起，进行了一堂风趣的交流，确切地说是一个游戏才对。但万万没想到，这个游戏竟然使我受益匪浅，以至于我到现在仍然觉得妙不可言。

李显扬说：“各位，现在，我给大家每人 50 元。现在我手上有两份不一样的数额，一份是你手上钱数的一半，另一份则是你手上钱数的两倍。现在，大家有相同的机会用你手上的 50 元与我手上的钱进行交换。愿意交换的请举手。”结果一半的同学举手，明显有一半的人愿意“赌”一把。

理论上来看，同等概率下，你有可能用 50 元换到他手上的 25 元，也有可能翻一番，换到他手上的 100 元。所以理智的朋友不会看不出其中的奥妙，当然你也有权利不理智，选择不玩这个游戏。

游戏之精髓渐渐呈现出来。李显扬先生继续问：“刚才举手的同学有谁知道这个结果的净现值（NPV）是 62.5 元？”一半同学举手。

那其他同学呢？他们居然成为不理智的幸运者。但现实世界中他们真的能一直这样吗？生活可不是游戏。“除非你像我一样，有个教父。”李显扬幽默地补充说。

不难想象，游戏中没有举手的沉默大众中还有两种人：对投资不感兴趣的朋友和不知所措的人。可以想象，平常人中有多少人能理智如此？对于专业风投来说，还有一个很重要的因素。假如是 50 万元，你赌不赌？概率不是 50/50，你玩不玩？还有，万一游戏仅有一次机会，又会如何？

所以，对于风投者来说，就不仅是赌不赌，而是如何赌法了。有时候，别人不敢赌，你敢赌，并且你赌对了，你就成功逆袭了。当然**我们不是每个人都是风投，但如果你能学会用投资人的眼光去看待事情、思考问题，当机会来临时，你就会是那个幸运的赢家。**

记住，专业的风险管理者不会浪费一点机会，但前提是减少风险。最后即使赢了还要考虑回报率以及何时离场。不过话说回来，聪明的投资人才懒得顺守呢，也许早就在赚得盆满钵满之时退出转向下一个渡口了。

体力、脑力、心力：“阿里魂”彭蕾

“为团队注入共同的使命，是心力的精髓。”这是“阿里魂”彭蕾的名言。

自古以来，厉害的将军多得是，为什么合格的兵马大元帅却寥寥无几？为什么帅才这么难找？很简单，因为后者需要明白万法归心的道理，明白搞好团队的文化才是王道。**有能者大都容易恃才傲物，铁打的营盘流水的兵，不能凝聚的团队谈不上什么战斗力。**这也许是我在阿里三次建立数据团队的心得，有心力的团队才强悍。

回想2010年，我本来压根儿没想过去阿里，因为早已答应了挚友加入其创业公司。当时，由于我在数据运营领域有点名气，于是一次机缘巧合，阿里邀请我去支付宝，参加一场如何用数据来设计产品的分享会，讲座结束后，我被留下一起吃午饭。打开房门，便见到彭蕾和井贤栋正襟危坐拿着我的资料，面试就这样正式开始了。

突如其来的面试（我事先根本不知道）让我颇为恼火，用流行的网络语言来说，我感觉被“套路”了。不过既来之，则安之。于是略带不满的我便反客为主，问彭蕾作为CEO每天看多少数据。“几十个吧。”她回答。我便语带轻挑地说：“太多了吧？”结果彭蕾很无辜地告诉我：“确实看不出什么来。”听到彭蕾这句话，我就很淡定了，作为老数据侠，我的嗅觉告诉我，支付宝的数据庞大，但管理者还停在对数据无法驾驭的状态。

所以，加入支付宝后，抱着数据化支付宝的决心，我开始计划建立全新的数据分析队伍。团队果断开发出第一件数据产品，我们的处女作“观星台”（帮助管理者在短时间看到企业的全貌）。更重要的是，我们成功激发了高层管理者使用数据的意识。尝到甜头的彭蕾从此对我们刮目相看，我也正式开启了阿里的数据之路。这也是后来尽管我转任阿里集团副总裁，但仍然一直视支付宝为“娘家”的原因。

遇到彭蕾之前，我只是一个在“江湖”上颇具名气的老数据侠，但进入阿里之后，我便成功转型为一个合格的数据统帅，手下统领着一帮数据人。用彭蕾的六字管理箴言来总结我的“打法”：**体力、脑力、心力，三者层层递进，却又相辅相成。**

体力和脑力是基础，不难理解。**体力，就是执行力，领导给了任务，团队可以非常有效率、有质量地完成，绝不拖泥带水。**就如行军一样有纪律，只要目标 KPI 设计明确得宜、赏罚分明，将士怎会不卖命。所以，数据团队曾经有个口号叫：“立即做，更精彩。”我在阿里时，经常有下属主动提出“军令状”，以示决心。但要注意的是，团队的体力不是单打独斗，而是联防和补位。团队作战是否能背靠背地一同达到目标，靠的是心力。

脑力，说白了就是方法论。一件事你怎么做，才可以事半功倍？你做事是否能灵活多变？有没有更好的方法？这些都是脑力的体现。脑力与体力的结合又叫作思变的执行力。

然而，脑力的开发并非简单的线性行为，而是迂回式的学习过程。因为我管理的是数据团队，脑力是重点，所以我特别关注对脑力的培养。跟过我的手下都知道，我非常注重系统思维，特别是在网络经济时代。Learn to learn 即是终身学习，让团队时刻记着要养成“走进来”

（outside in）、“看出去”（inside out）的习惯。读万卷书，不如行万里路。

但心力不一样。《孙子兵法》有云：“兵非益多也，惟无武进，足以并力、料敌、取人而已。夫惟无虑而易敌者，必擒于人。”若不能够将心力赋予你的团队，体力和脑力越强，有时会出现反噬，成为管理上的定时炸弹。**心力是什么？首先，使命的树立，让团队在完成目标后产生成就感。其次，让团队成员有参与感，加强对使命的共同认知。**建立共同的认知，最快捷的方法是借事修人，以战养战。仅能打 100 公里的兵，不要用来打 500 公里的仗。让成功成为一种习惯，这是一个好领导者最好的风采，开拓一条路带着大家走向更高的山峰，让大家有信心。我相信没有一个有能力的人想混饭吃。但古语又有云“骄兵必败”，所以心力中必须加入这句阿里名言：“今日的成功是明天的起点。”

心力本无形，是一只无形的管理之手。它可不廉价，必须要用心培养。那它什么时候才会出现呢？借阿里“大军师”关明山先生的金口玉言来解释，**团队的战略投影到个人是行动，团队的文化投影到个体就是心态。好的餐厅看厨房的整洁，有良好文化的公司看厕所是否干净。**也难怪有些投资人喜欢看目标公司的厕所了！

兵贵神速，也要配合粮草先行，要做到奖赏得宜，但我们身边有不少反面例子。在阿里，年度工资调整是奖励短期目标的达成，职位晋升是看好员工的未来潜力，股权授予是认可你对公司的长期贡献。

最后要说的是练兵，在支付宝时，彭蕾的成名作是“三板斧”。我也是早期的培训员，课程为期三天，我们会要求经理们做脑力、体力、心力的模拟测试，针对公司一直未能解决的难题，由团队提出解决方案。过程中，各分组会互相竞争，组员间要接受末位淘汰。支付宝的高层在这三天内会一直观察并点评。大家不要以为这是纸上谈兵、走过场，在我所参与过的三板斧培训中，每次都是动真格的，彭蕾曾经含泪淘汰了自己的爱徒。

为了考核团队的脑力、体力、心力是否配合公司的战略方向，阿里每年都会有一次人才盘点。这种人才盘点对于副总裁以上的级别特别重要，有时候比业务汇报还要紧张，一年的调兵遣将都会被翻出来。这就是培养将才与帅才的分别。

彭蕾，当之无愧的“阿里魂”。

阿里“总参谋长”曾鸣的终局判断

阿里有句名言：“路走对了就不怕远。”企业最怕的就是对方向缺乏判断，其实人不也是一样吗？周星驰在一部电影里说，没有理想的男人跟咸鱼没什么分别。能让我们坚持走下去的，就是找到活水的方向。

2010 年我刚去阿里任职，在各项要求都谈妥了之后，组织部问我还有没有什么特别想见的人。我当时几乎毫不犹豫地脱口而出：“我想要见曾鸣和关明山。”人力资源有些意外，我想见的居然不是马云。

对曾鸣教授抱有期待，不是因为他在阿里“总参谋长”的名气，而是因为阿里在未来方向的规划能捷足先登，曾鸣与他的战略性思考功不可没。当然，他原本在INSEAD研究蓝海战略的背景，确实让我多了一份亲切感。适逢2010年正是支付宝的战略调整期，我有幸直接参与很多战略讨论，正是如鱼得水，求之不得。

我的理解是，曾鸣的战略论，其实经过无数的碰撞与验证，可以把战略规划总结为七分靠做（打拼）、二分靠想象、一分拼运气。

什么叫想象呢？就是参照当前的形势配合已知道的事实，去创想未来的境况。我多次在战略会议上听见马云对手下说：“我不同意你的观点，但我会给你机会去尝试一下。”敢想的先决条件就是容错。

之后最重要的就是搭团队。没有一件事不是人成就出来的，要知人善用。记得有一次我问当时的老板三丰（时任淘宝总裁）要资源，他第一个问题是：“其他兄弟支持你的新项目吗？”他想知道的其实是我的团队是否“人和”。这又是阿里的另一句名言：“人聚财聚，人散财散。”

这七分靠打拼的过程不是一次性的，而是既看人也看事的循环。正是因为这样，阿里每年的业务回顾和人才盘点会同时进行。我们说二分靠想象，那想象的东西靠谱吗？到底是方向不对，还是执行得不好呢？外部环境如何？人的配搭是否合理？有足够的数据去追踪过程和效果吗？

作为当时阿里数据分析的负责人，我每年都要参与不少战略会议，所以和曾鸣碰面的场合也不少。我的观察是，他不喜欢太局限的分析框架，例如有很多人喜欢的 SWOT 分析法（企业竞争优势、竞争劣势、机会和威胁分析法）。他说他讨厌做战略时长篇大论地论证自己是对的分析。他建议开会时请先“亮剑”。明年如果你要做三件事情，那么是哪三件事？首先知道你要的是什么。当你回答了之后，他会问你如何得到这个结论，你的判断又是什么。层层递进，这几点缺一不可。

曾鸣做战略，很讲究对终局的判断，然后基于这个判断去计划三年、五年的实现路径，再配合每年回顾复盘优化或者重新计划。**终局判断依靠的是想象力，除了经验所赋予的灵感之外，汇集数据去描绘由外而内的产业地图或者由内而外的业务地图也必不可少。其中的难度如人饮水，冷暖自知。**

那么如何才能画好路线图呢？之前我说过，整个战略就是架构一个框架，以让人充分讨论。框架架构完毕，接下来我们就必须找到切入点了。当没有良好的切入点时，你会发现目标越大，越难落地。马云很爱谈梦想，但他从来不是空想者，他做事从来都是将目标定位之后，找到明确的切入点。马云有一句名言：**300 公里的大炮就打 300 公里，千万不要打 500 公里。要打 500 公里，就要做 500 公里的大炮，千万别越界。**

有一次，我带领团队在阿里完成了一个叫“黄金策”的项目，旨在让业务人员可以自己使用工具去发现不同客户“微群”的购买及浏览行为。“微群”项目非常成功，曾鸣知道了之后非常开心，等了那么久终于有人成功将这个项目做出来了！但高手永远不会停留在感性上，曾鸣跟我说：“品觉，虽然这个项目非常成功，但是切记，要小心，这不是我们要的战略，我们的定位不是这样的，要注意我们的终局判断，否则就会把项目做小了。”很简单，战略目标不可以定得过高，否则会遥不可及；但也不可定得过低，否则结果就是将战略做小了。

战略不是死的，是一个周期性的过程，只要公司没有破产，它就是一个无限轮回的周期。当你度过了扩张期之后，也许很快就会进入下个阶段的尝试期。就像阿里现在正经历的第三次轮回一样。在不同的时期，战略思考对企业规划的帮助是不一样的。这个循环周期分为三个阶段，即尝试期、形成期和扩张期。不同的战略阶段，概念和意义都不一样。尝试期要试探方向，群龙乱舞，大胆地做、大胆地想，用曾鸣的话来讲就是：“先用白刀子乱捅，不要管捅哪里，只管捅出血就是了。”

分清方向之后，就要学会“收口”了。此时最主要的任务就是学会驾驭混乱，上下驳合。因为我们基本已经知道应该做什么了，接下来就是把握方向，不能失控，不偏离航向。在驾驭混乱的同时，人力必须得到很好的补充，因为上下驳合非常重要。从上而下的管理以及从下而上的执行力必须有优质的人力资源，才能起到良好的能动性。

接着就是最猛烈的扩张期了。扩张期很明确，学会集中，用数据驱动，做到指哪儿打哪儿。我们必须集中精力来拿下成果，就像打仗全力冲向战略高地，抢占制高点。此时，我们最需要的就是协同作战。最好能做一张前中后战略图实现高效对接。

学校里讲的往往都是战略科学，但在企业里，战略是一门手艺。曾鸣总结说，**技术可以学习，经验则靠累积，但直觉是要靠感悟的。**战略思考要解决的是发展路径和定位，当战略定位已经定好了之后，我们就要讨论商业模式了。模式也分为三种，分别为运营、收入和销售模式。为什么这么重要？因为一旦模式清楚了之后，我们就有了用数据来监控的条件了，关键绩效指标法（KPI）也就可以投入使用了。

THE NATURE OF BIG DATA

智能商业的未来

一次，曾鸣特地找到我，对我说："品觉，作为阿里BI（商业智能）部门的老大，你的任务就是努力将BI部门消灭掉。"我当时真的蒙了。作为BI部门的老大，你要我努力将BI部门消灭掉？后来我才明白，这正是他的战略思考，终局的想法是我们要将数据做得越来越便捷，未来根本不应该有集中式的BI部门。

数据应该回归本身，让所有人都可以分析，人人都可以成为数据分析师。不是说没有BI部门，而是说未来某天数据分析技能已经被每个业务人员掌握。当然以上战略观也是二分靠想象、七分靠打拼、一分拼运气。那么结果如何？往往会实现天时地利人和。

正如《孙子兵法》所说：“百战百胜，非善之善者也；不战而屈人之兵，善之善者也。”

数据“怪杰”韦思岸：从 Big Data 到 Me Data

任何你以为数据不能告诉你的东西，数据却都能告诉你。这就是德裔美国大数据专家安德雷斯·韦思岸（Andreas Weigend）的人生格言。第一次见到韦思岸，我就被他“肉食者鄙，未能远谋”的气场给镇住了。都说日耳曼民族以严谨和死板著称，但韦思岸和一般的德国人却大不一样，他的头脑简直灵活得可怕。

我与韦思岸是在 INSEAD 念书时认识的，他是我的其中一位老师，也是大数据领域的大师级人物。之前我说过，我是一个非常热爱学习的人，如果遇到大师，我会不计代价地去争取机会。虽然聘请韦思岸非常昂贵，也很难请得到，但韦思岸还是被我的决心感动了。当初他开价 3 000 美元一小时做我的私人导师，听起来非常昂贵，但事实证明，韦思岸带给我的影响，远远超过了金钱的价值。

有些数据，我们会无限制地遇见，却无限制地在浪费。所以大部分人一直都没有进步。但这在韦思岸身上绝不会发生，身边的一切数据，哪怕再不起眼，甚至晚饭吃了咖喱会不会影响睡眠，只要他能想到，就一个都不会放过。有一次他从美国来北京，我请他去做足疗，还没有开始，韦思岸就给了足疗男子 100 元作为小费。我纳闷，哪儿有人还没接受服务就给小费的？韦思岸说：“为何不给人家一个对你更好的机会呢？”原来，他的想法是，如果你做完之后再给小费，无论服务好与不好，人家已经服务完了，这样你的小费就毫无意义。“也许大家都可能会想到，但绝大部分人都觉得无所谓。”韦思岸耸耸肩。

2010年，那时还没有Uber和滴滴。有一次我和韦思岸在北京被出租车拒载，当时韦思岸就质疑，为什么不做一个数据系统，出租车公司在每一辆出租车上都装上一个拒载指示灯。司机拒载时会被举报，公司收到举报后，就会将出租车上的拒载灯亮起来，让其他乘客都知道这个司机经常拒载乘客，并且当天公司也会被给予相应的处罚。这样一来，还会有人敢拒载吗？这样，公司的服务质量和顾客的满意度也都能提高，可谓两全其美。事实证明，韦思岸是对的，5年后，滴滴、Uber都因为这种思路而做到了数据控制。

你的决策都在韦思岸的决策中，这是我的最直观感受。韦思岸的思考就像显微镜，他几乎什么都能想到，数据化思考在他身上体现得淋漓尽致。最让我佩服的是他的高瞻远瞩。韦思岸2004年见到马云时就告诉他，未来阿里就是一家数据公司，以后数据会越来越大，要做好完全准备。结果呢？不用猜大家也知道了。

在亚马逊担任首席数据科学家期间，韦恩岸就着手做了在今天看来仍然有趣的许多研究。例如，如何计算访客在亚马逊的当天购买意愿，又或者是用户居住地点附近的商店分布情况包括书店是否会影响他的网上购买选择。10年前，在大数据还未被提出时，这种大数据思维可以说是卓尔不群，与亚马逊以数据为核心的运营理念如出一辙。

从敦煌网到支付宝这些年，我得到了韦思岸的指点，他对我可谓言传身教。一次偶然的聊天，我问韦思岸："如何可以超过你？"他一点没有因为我的"挑衅"而不开心，反而很欣赏，并不慌不忙地告诉我："Shut down and feel high."这句话的意义何在，非常简单。韦思岸最不喜欢说大道理，他会用行动回答你的问题。

THE NATURE OF BIG DATA
智能商业的未来

有一天，我和韦思岸聊一个关于公司数据的战略级话题，聊了很久，消耗了大量脑力。韦思岸和我深感"脑力被掏空"，这时他打断了想继续深究的我："品觉，我们旗鼓相当，咱们两人都累坏了。现在，咱们都去公司的花园里走走，每个人都走 15 分钟，然后再回来聊。"

为什么聊到最重要的时候要去散步？我表示不解，要休息也不必在这个关键的时候休息啊！虽然不理解，但我硬着头皮走完了 15 分钟。回来我就问他："韦思岸老师，刚才怎么可以在聊到最关键的时候出去散步？虽然很累了，但我们都很有热情，不是吗？"韦思岸对我说："不不，品觉，你很心急，这不假。但你的大脑早就亢奋了，我不能用你疲劳的大脑来应对这个关乎公司命运的话题。你懂我的意思吗？"任何正常人都不可能一直保持亢奋状态，这个状态类似一条曲线，具有不间断的波动性。韦思岸教我学会抓住亢奋的状态，然后拒绝干扰，百分百地投入。这个时候你的大脑就如保时捷一样开始飞驰，神来之笔往往就在这时出现。

可能是物理学家出身的关系，韦思岸会时刻关注每件事情收发信息的前后变化，哪怕发一条短信，他都会在想如何让接收的人能跟着他的思路去反应。记得他有一个习惯，这个习惯也让我颇为受益，给我引以为傲的数据化思考添上了浓厚的一笔。

你有没有过从书本中找到答案后豁然开朗的感觉？当时你一定很“嗨”，但事后又一切照旧。韦思岸每次在我问完问题时，都习惯性地问我：“品觉，你懂了？趁着你此时恍然大悟，你试着描述一下，你以前是否做过类似的事情，甚至是同样的事情？”我懵懂地看着他，肯定会有啊。韦思岸耸耸肩：“但是你从来没有深度思考过，是吗？”我茅塞顿开，顺着思路琢磨，终于知道了他的意思。

是的，我们在恍然大悟的时候总是很开心。终于懂了，原来是这样的啊。你知道了就是你的？未必！往往我们缺乏一个过程。什么过程？反思？不，反思只是基础，是一个非常表面的步骤，我们真正要做的是内化。**反思，是你对一件事的感受，但感受远远不够。**

举个例子，2010 年我刚去阿里的支付宝部门，那时的 BI 部门就是做数据报告而已，只是给用户看的而已。用户像看小说一样看完报告，而且想看就看，不想看就不看。但是经过后来大数据的演变，所有的大数据都是为了行动来做的，再也不是单纯的 BI 部门报告，我们学会了将数据化的决策前置。前置，数据就不只是用来参考，它会成为算法的一部分，这样就用在了刀刃上。数据的前置其实就是一个内化的过程。最低级的读书只是用来参考，稍高一级的读书是看书之后进行反思，更高一级的读书是根据读书后的感受有所行动。不仅如此，你还可以更进一步思考如何行动效果才会更好。

一个场景你以前碰到过，以后再碰见这种场景的话，你就不会再次掉进坑里，因为你会换一种方法。如果我们在知道答案了之后，没有这个过程的话，对你来说也不过是数据，并没有行动，这还不是你的，所以内化过程不可或缺。甚至，你很快就会忘了这件事。问问自己，你有内化过吗？

韦思岸为数据研究倾其所有，无非就是为了将 Big Data 变成 Me Data、我们的数据。**我们见过的数据，只是我们见过的，那不是我们的，还要注意将其内化！**之所以将韦思岸称为数据“怪杰”，是因为他总能想我们所不会想、不能想。

我以前一直把一个人成功的境界分为觉和悟两个境界，悟太远，我深感还没有达到。但我认为，通过学习内化，我应该已经达到了觉的境界。达到“觉”的境界之后，你的人生就可能会出现飞跃。

拜李小龙为“师”：海纳百川

如果我说李小龙是 20 世纪的世界风云人物，你应该不会反对吧，他永远是我心目中的中华英雄。他的成就可以用一件事情概括：《牛津词典》因为他收入了“Kung Fu”这个英文词语。我在英国读书时，一次走在大街上，突然被一个英国人叫过去。我很诧异，但依旧走过去，没想到老外开口就问我："Do you know Bruce Lee？"（你认识李小龙吗？）我很自豪地回答他："他是我的偶像。"没想到老外立刻喜笑颜开，邀请我喝一杯啤酒，然后说："Me too."（我也是他的粉丝。）

如果我说李小龙影响了我的思维方法，你可能会觉得有点夸张。我自小崇拜李小龙，我爱他的功夫，更爱他的坚持，从他身上得到了很多成功的灵感。李小龙不甘于现状，他善于学习但又善于怀疑，最重要的是他知道如何学习：学习、实践、总结、再学习。学习如何去学习是一个人生课题，只有既虚怀若谷又善于实践的人才能体会。用大数据的语言来讲，李小龙有自己的迭代算法。他从来不会模仿他人，他坚信，一个只会模仿的人不可能有太大成就。学过咏春拳的人都明白，咏春拳是一套个性化的拳法，因人而异。李小龙就是这么一个人，他创立截拳道，第一件事就是宣扬放弃门户之见，放弃自家武术不传外人的不成文规矩，将咏春拳带到海外，广收门徒。李小龙一生的思想精髓就是一汪水，海纳百川，他甚至会向自己的徒弟学习。

我在学习过程中，喜欢问师父是怎么思考的，这个做法一直伴随我至今。因为思考很容易出自习惯，这注定了任何观点都不可能没有瑕疵。如果师父对你说要这样做，而你只会照单全收，那你就失去了深度学习的机会。我做数据那么多年，深知思考角度的不同对一件事情的看法影响之大。就像《孙子兵法》所说："庙算者胜。"

以击剑为例，教练让你跟着他的方法出剑，那是临摹阶段，教练告诉你如何观察对手，那是动态学习。你要学会在实践中不断地肯定及否定自己的习惯。众人皆可为师，这才是深度学习。

我在练习击剑时，曾经很幼稚地问教练，击剑有没有必杀技？教练思考了很久，告诉我："有。"其实我心里认为是没有的，而他的回答让我有些意外。教练说必杀技就是"抓住一切变化前的先机"。这句话太经典了，它与李小龙的武术精髓如出一辙。李小龙的截拳道精髓就在于从思考上拦截对方，你的决策已经在我的决策中，所以截拳道的英文名字叫"the fist of intercept"（拦截之拳）。

从偶像李小龙身上，我明白了，**学习就是从经验挖掘中认知自我的过程，而海纳百川的前提是深度观察。只有看透自己才可能看透别人，一切求诸于己，众人皆可为师。**

李小龙，我这个徒弟你答应收吗？

13

THE NATURE OF BIG DATA

数据是送给天生逻辑客的盛宴

THE NATURE OF **BIG DATA**

未来人人都是分析师

- 数据或信息，从来都是送给天生逻辑客的盛宴。
- 努力从试错中提升自己的能力。
- 共时面，时间链，关键词。
- 不要相信任何权威。
- 相信未来所有产品都是数据产品，包括人类自己。
- 舍与得循环不息，生命越来越有意义。
- 世界上几乎所有的数据都离不开和“天与地”的关联。

每个人都有逻辑，但是将逻辑思考变成习惯的人非常少。如果你是一位“逻辑客”，那你今天绝对不会错过大数据。**数据或信息，从来都是送给天生逻辑客的盛宴。可以说，“无逻辑，不数据”**。做数据的人是绝对不能“大条”的，因为点点滴滴的数据都离不开细心的观察。

剑心，试错

第一次在澳洲拜师学剑，师父（我这样称呼我的教练）就怀疑我是来捣乱的。因为我的年龄太大了，20多岁的人才开始练击剑实在有些来不及了。师父意图让我放弃，但我就是这样，决定了就不会放弃。所以，倔强的我直接回敬了一句：“您只要收我为徒，剩下的交给我来做，做不好，我就走人。”

在我拿起那把剑的时候，我的人生就注定了不会太平凡。因为这把剑，教会了我怎样做人，可以很负责任地说，若是像我练剑那般去做每一件事，都可以事半功倍。从量变到质变的过程，也不会非常缓慢。幸亏遇到了教我击剑的恩师，我的人生才没有因为我爱耍小聪明的自我满足感被白白耽误。

我本来已经在澳洲念完大学，毕业后任职于当时大家都梦寐以求的汇丰银行，那可是一辈子的铁饭碗啊！但不知是我太爱冒险，还是老天就不允许我安稳一生，我不顾家人的极力反对，做了一个周围亲友都觉得荒唐的决定：离开汇丰银行，再次走上留学之路，到新南威尔士大学进修。

在这之前，老实说，我真的没有为任何事情特别努力过。反正过去我都是漫不经心就成为别人眼中的高手（老爸都没想到我居然能够进汇丰银行）。这种经历屡试不爽，更加加大了我耍小聪明的气焰。

沾沾自喜的我，有一天突发奇想：若是小聪明加上绝对的用功，会不会迸发出更大的能量？越来越好奇的我，下决心找件事做，看看能否做到极致，直到我遇到了师父。

师父是澳大利亚国家击剑队教练，曾经在奥运会得了第 6 名。一个中国人，居然可以在西洋击剑的运动里出人头地，着实令人惊讶。接下来的日子，我们亦师亦友。他读书不多，为剑而生，但我从他身上学到了很多书本中绝对学不到的道理。这个心灵之旅就这样开始了。

要成功，只靠体力是不够的，还要懂得用脑力，加上心力的驱动，三者缺一不可。为了练就一身好体力，下定决心的我，开启了地狱般的训练。每天早上 6 点必须游泳 45 分钟，然后还有跑步、步法锻炼等训练。这一切都是师父让我做的击剑课之前的准备，我每天的运动量，已然达到了八九个小时。体力训练是最简单的，不断坚持加上科学的方法，基本功的进步是还比较容易实现的。这些只是为我技术的进步创造良好的外部条件而已，真正令我进步飞快的，另有秘籍。

尽管我每次练习都一丝不苟，仅凭着小聪明，师父教的招式我几乎可以重复地做到像模像样。沾沾自喜之际，师父给我猛泼一盆凉水："我不是在教你杂耍啊！"

看着蒙了的我，师父马上细心解释："击剑的目的是击败对手，并不是简单学会招式，而是在竞技中运用招式，努力从试错中提升自己的能力。一个击剑手，最悲哀的不是做错，而是连错在哪里都不知道，然后一错再错。为了避免自己陷入这种死亡旋涡，错得够快、够准也是一种技巧。"所以，师父建议我要每天挑战不同的对手，并且一定要做到现学现用。我见过不少花拳绣腿，理论十足，结果却落地无力的例子。所以，我必须加点笔墨，告诉现在的年轻人，何为真正的"现学现用"。

之前讲过，阿里"总参谋长"曾鸣教授曾极力强调：凡是学习过的事物，务必要内化。从学到用，就是理论过渡到实践，并使两者结合的过程。练习的临界点，便是将技能练习到能够形成条件反射，即可点到为止。这时，我们必须将注意力集中在实战中，不断去试错。

换言之，在你记忆犹新、颇具满足感时，千万不要停留在空想，马上去实战，这一点非常重要。

我当时练剑非常勤奋，又得到师父“试错法门”的精心教诲，短短一年便赢得了一次比赛的金牌。自信心爆棚的我，剑法越来越猛，攻击性越来越强，而且，也拥有了师父教我的让我引以为傲的必杀技。我经常用它击败对手，并且十分享受攻击带来的快感。直到有一天，师父很严肃地将我叫过去，彻底教给我令人生不凡的“神兵利器”。

师父喝口茶，说：“品觉，你做得很好，你的进步让我很欣慰，但你还想进步吗？”我看着微笑的师父有点摸不着头脑，毫不犹豫地说：“肯定想啊。”“那么你听着，从明天开始，我要你一个月之内，不许用你的拿手好戏，只能防守，懂吗？”

师父看着再次蒙了的我，斩钉截铁地说：“一个非常喜欢进攻的人，往往不容易练好防守。”我瞬间意会师父的深意（大概小聪明的用处就在这里）。

师父的意思很简单，但是有很多人并不能想到这个层面。如果我习惯了不断运用自己善长的技术，我的确可以在这个水平上屡战屡胜。但是，我也会渐渐因习惯而无法突破自己的局限。一个进攻很快、很猛的人，同一水平或者是高一点的人都会畏惧你的进攻，而你的防守渐渐会被忽视，因为连你自己都会陷入一种迷思：“我的进攻可以再快一点吗？”久而久之，当你的优势越来越棒、越来越明显的时候，你的缺点会藏得更深，遇上高手时短板马上会成为你的破绽。到时你才会发现，自己的防守技术真的是烂透了。

这就好比温水煮青蛙，是很可怕的。现在的社会非常浮躁，大家都希望将自己的长处发挥得淋漓尽致，获得功名与利益，以至于习惯自己的长处，并且花大量时间去加强自己的长处，而从未重视过自己的短板。要知道，**放下自己耀眼的长处，而将时间花在钻研自己的短处上，这种转变、对这种心理落差的承受能力，正是每一个有上进心的年轻人最缺乏的，也是最难做到的。**

在阿里时，我有一个让我感到骄傲的手下。他是数据天才，对数据的感觉好得离谱，在大家都为他立下的大功喝彩时，作为老大的我当即给他泼了一盆冷水："忘掉你的数据天分吧，你应该先把自己的英文练好。"虽然当时他非常委屈，但是还是照做了。日后他才明白，我那句话对他有多大帮助。因为阿里迟早会成为国际化的大公司，你的数据分析能力再好，不会英文有什么用？你能够与世界各地的外国人交流时，很好地将自己的数据理念表达出来吗？到那时不仅你的数据才华很难有所作为，你的自信心也会消失殆尽……现在，我的这位徒弟已经成了阿里 CEO 身边不可多得的数据大将，一个说着一口流利英语的数据天才。要记住，人有的时候，优点越明显，缺点亦会非常明显，不要聪明反被聪明误。

我想，如果有人问我，人生如何才能立于不败，如何才能够不平凡，我绝对会用师父的这句话回答他："进攻太好的人，往往会忽略防守，优点往往就是缺点。这么简单的道理，却断送了无数的高手。"

问人生几何？剑如人生也。

老孙的九字箴言：共时面，时间链，关键词

认识老孙颇算一段奇缘，他有一次得病，差点离世，是我的医生朋友救了他一命，我俩因此结缘。我本应称呼老孙为老师，但他为人豪迈，让我叫他孙哥，我当时笑了，他便借坡下驴，大笑说："那就叫我齐天大圣吧！"

老孙改变了我的思考轨迹，加深了我对中华文化的认知，中西思维方式的互搏，更加坚固了我对新的思考方式的追求。博古通今，是他给我的印象；他深谙历史，语不惊人死不休。某天早上急着叫我见面，说我俩是同行。我心里很是纳闷，一个做大数据的和研究国学历史的风马牛不相及，又怎么会是同行呢？他缓缓地对我说："研究历史，溯源而上，是为找到事物的真相。大数据，通过收集并加工数据，在使用数据去改善决策力与洞察力之前，首先就是要还原真相。两者难道没有共同点吗？"

要在真真假假的庞大历史文献中还原出最真实的部分，其中的关键是解码方法，知道怎么解码，真实的信息便很容易还原。

老孙告诉我，读历史的人都会读《左传》和《尚书》，读这两本

书都需要解码的过程。《左传》是编年史，由春秋时期鲁国的史官左丘明收集史料编撰而成。史官在皇帝的眼皮底下编书，信息的真实性肯定有折扣，其中的故事有多少真实性，实在难说。相比之下，《尚书》有所不同，《左传》是当代人写当代的事情，《尚书》是下一代人写上一代的历史，两者有不同的背景。背景不同，收集到的信息就会有很大的偏差，用大数据的语言来说就是噪声，甚至作假。作为历史分析师，必须想办法检验这些杂质。

老孙说他的心得其实仅有九个字：共时面，时间链，关键词。平平凡凡的九个字大有玄机。要知道某个历史信息是真是伪，你需要查阅与这个信息同一时期的相关数据，从不同的来源去提高客观性。偶尔还会遇上“加密”了的文字，不懂的人猜半天都无法知其所以然。所以我们需要解码，解码信息，使用同背景的相关数据不断推敲，直到这个信息更加接近事实，这就是共时面的作用。从前没有计算机，要找出同一个年代的文章或作者之间的关系，谈何容易？**共时面就是在同一个时间点上用多种不同的角度去看某件事，看有没有其他信息可以收集，让我们对这事件的理解更接近全景。**

不同的共时面可以通过无数的时间链串连起来，形成立体的信息堡垒。时间链负责将分散的共时面组成一个立体结构，这就像有经纬度的地图：**共时面就像纬度，时间链就像经度，在经纬度交叉的点，我们会发现很多关键词，从而组成一张充满信息的庞大地图。**

那么时间链的作用又是什么呢？很简单，举个例子。一个独裁者，恐怕在他的统治时代，不会有人撰写关于他的敏感话题。但是随着时间的推移，对这个独裁者不一样的批评会慢慢涌现出来，当年的信息就会随着时间的推移出现变化。所以，经过时间链的推移，多个共时面串连起来，会现出两条线索，一个是同时代的人在讲什么，另一个是经历了时间的推延，这个信息又会怎么变化。

接下来是关键词。如果你想知道庞大的信息，又没有办法一口气吃掉一个大信息堡垒，这时候就需要在时间链串联的每个时间点上形成的重要关键词，用大数据的语言来说就是特征。做研究时，你必然有研究的意图或者动机，并衍生出想知道的问题或者假设，用共时面或者时间链去验证自己的假设，之后发现支持你论点的一些特征。我们可以用关键词将这些特征记录在这张信息地图中。有了方法后，还要有意图，即带着意图去看东西。之所以要找关键词，是因为你必须知道需要什么、你想要知道什么。如果你连想要知道什么也没搞清楚，怎么可能找到真正的关键词呢？

这九字箴言密切联系，相辅相成，互不分开。我之所以对大数据的看法经常和别人不一样，很大一部分受老孙的九字箴言启发，其中不乏浓浓的东方思想。先后天、本质和现象、命与运…… 我知道发生了什么，也想知道为什么会发生。

被认为是曾国藩所著的《冰鉴》一书，就提出过时间对于看清楚本质的作用。书中写到，朝廷想征用一个将军去打仗，钦差大臣将大将军召到自己的府邸，但过了十几天也不见这个将军，只在暗中观察他。为什么呢？书中详细地写道，短时间的表面观察，很容易出错，但是如果经过时间的推延，这个将军很容易会原形毕露、会急躁，因为武将大都比较好斗好勇，最缺乏的就是耐心。上阵打仗好斗好勇是必须的，但如果没有耐心，很容易损兵折将，这就是汉代大将军李广和卫青的区别所在。如果你是皇帝，你会选谁？通过时间的推移，这个将军有没有耐心便一目了然了。简单地说就是日久见人心。

所以，观察任何东西都一样，可以用时间推移的方法来观察本质。王亭之先生时常教诲我，凡事不要跟着现象走，要多观察本质。说真的，我当时听不出所以然。做了数据分析师这么多年后，又或者是老了，译码事物本质的能力已经是我的“必杀技”了。用老孙的说法，时间链、共时面所提炼出来的关键词就是精华。这不禁让我想起数据分析师要牢记的六字箴言：细分、对比、溯源。这些思考，对我的数据分析起了不可估量的作用，更加完善了我的思维，让我的量化思维能力更上一层楼。

人生难遇贵人，而我总能遇上，并且每次遇到的几乎都是“授我以渔”的贵人，而遇贵人次数之多，不知是缘分还是我自身的努力呢，我想两者都有吧。**不断进步的本质，就是不断坚持和心存好奇，更重要的是自利、利他的心态。**

你相信你比我更厉害吗

我总是时刻提醒自己要感恩，特别是要感恩给我智慧的人。时间不能逆转，没有人能和时间竞赛。人生的积累最重要的是什么？财富、友谊、名声，还是想法？对于半生“用脑”吃饭的人，无须多言。

还记得我在大学读书的时候，有一位老师喜欢跟学生们说："我只是将我认为对的告诉你，但你们要学会不相信我。"其实很简单，这是一种逆向思维的能力。教授的意思是，习惯怀疑每一件事，很多人认为对的事，不一定就对。你可以学习反过来问，这样对吗？它有多对？真的对吗？先学会怀疑，你绝对会得到意想不到的结果。

记得有一次在清华大学，见到一个外国硕士生在答辩论文，教授尚未说完话，这位同学就想解释自己的观点。老教授大声说："你先听老师说，老师都是对的。"我当时的反应是，我们的教育方式要改啊。老师应当让学生怀疑自己，不要盲目自信，学生思维越活跃，才会越来越好。怎能封死学生的质疑？我想，这也许是东西方教育的区别吧。No question is a stupid question.（没有问题是愚蠢的。）

我又想起在念大学时教我的一位主任老师。他是个老外，受的是标准的西式教育。他有两句话让我记忆犹新："只要努力，你会比我更厉害""聪明人要学会如何懒惰"。我一直热衷于数据化思考，我的思考离不开数据。但你可能有所不知，我的数据思考其实来自几个阶段的经历，从最初逆向思考、换位思考，再到量化思维，然后才因为长久的平台公司而形成了系统思考。思维方法是一种迭加的过程，从不断的实践中去芜存菁，其实没什么捷径。

讲到逆向思维，不得不从大学毕业季开始说起。马上就要毕业了，大家都非常兴奋，毕竟将要走向社会，开始梦想自己未来的那片天地。这时候教授走进来，开场白是类似于毕业了各奔东西，好好珍惜，也希望大家可以获得自己的价值，如此云云。本以为这温情对白会云淡风轻地结束，然后和往常一样上课，结果接下来尤如晴空霹雳，教授说要做突击测验，考不好的可能会毕不了业！考的东西都是他前几周教的，但大家怨声载道。不过我还好，还能淡定地喝了口茶。

结果接下来教授做的事让我差点把茶喷出来。他说："考的是前三周所讲的内容，但是这前三周的内容，我故意讲错了很多，所以你们要想考试及格，就到图书馆查证我教你们的东西，并找出对错来。不找也可以，考试就等着'死'吧。"

我心里再也不淡定了，也开始怨声载道。没错，我有自己的复习方法，通过对老师以往所讲的习题进行信息分析，找出老师的出题习惯，从而让我考试事半功倍。但是你故意讲错，这不就"扑街"了吗？

"关键是，居然没有一个同学提出质疑，我连续三周讲的东西都有错，居然也没有见到一个同学提出来说我讲错了，一个也没有！甚至连一个怀疑我的人都没有，这像什么？像个大学生吗？像个要去工作的应届毕业生吗？"教授说道。

教室里鸦雀无声，尽管大家有点郁闷，但谁都不能否定，每个人都被教授的话给镇住了。是啊，我们在学习的时候习惯了照单全收，缺少怀疑精神，根本没有学会真正去思考。难道老师就一定对吗？尽管教授经常对我们说不可以相信他，但我们依旧只会按照他说的做，根本没人质疑他到底说得对不对。

我们缺乏跟权威说“不”的意识与勇气。还是那句话，哪怕是垃圾，我们也习惯了照单全收。教授接着说道：**“如果要超过权威，那就必须要学会怀疑甚至拒绝权威，不然你就是白日做梦。”**

面对权威，很少有人会质疑，质疑老师、领导，甚至是产品说明书。可以在学习过程中就开始质疑的人更是少之又少，也许是懒，也许是人的本能容易形成惯性思维。我曾经对比过中西方文化的不同之处，中国的老师大部分喜欢说两句话：“闭嘴，你能不能听我给你讲”“你怎么又在课堂上说话，安静点，认真听好”。就像我在清华大学看到的那位教授，大部分老师喜欢把学生当成受众，受众重点在“受”，至于主动出击那就是可有可无的了。就算你和老师有不同意的意见，也要等到老师没有讲课的时候再去质疑，就像那位老教授说的“你先听我说”。不只是老师，学生在长期某种“受”的教育下，也不喜欢质疑，甚至希望老师快点讲完课。

西方的教育就截然不同。伏尔泰说过：“我不同意你的观点，但我誓死捍卫你说话的权利。”告诉大家要学会在尊重别人说话的权利下，勇敢去质疑。我在清华大学答辩时看到的老外学生和那位教授，就是中西方文化的碰撞。照单全收的苦痛，我们真的吃够了。

那次毕业前的考试，大家都吃了没有学会逆向思维的苦头，最后那段时间，为了迎接考试，我们在图书馆努力到深夜。虽然最后大家都顺利毕业了，但这件事对大家的触动很大。

这件事，为我的数据化思考扫走了第一块绊脚石，以后我就越发发现不照单全收的好处。也许和我的名字一样，我就是要慢慢品、慢慢觉的吧。尽管我的那位老师那么做是为了让大家明白这些道理，但是这种经历也确实值得我反思：为什么我没发现他讲错了呢？我们毕业后，老师就辞职去攻读生物学，算上这个学位，他已经有 9 个本科学位了。我认为，也只有这种学识渊博的人才会知道，教育不是照单全收。这个道理我终生难忘。

不得不说一个小插曲，这位恩师教我学会怀疑，这种精神不知不觉印在我的脑海中，内化成了我的一种精神、一种习惯，并带入了社会。

毕业后大家各奔东西，我的脑海里总是回荡着“不要相信任何权威”这个告诫。在一次公司考试中，我选择了不回答有问题的题目，我质疑这些题目，还在旁边提出疑问，我并没有完成整份试卷。经理很不开心，结果当然是我被踢出了局。但我并没有后悔，我反而觉得，一家连考试题都可以出错，并且没有悔改之意的公司，不如不去。后来我进了汇丰银行，也许，命运有时候就是需要你付出一些东西，它才会把生命该有的神奇之处带给你。直到今天，我还时常会想起教授那句话：“你相信你可以比我更厉害吗？”

假如我是一个产品

你的潜力可以帮助别人吗？我时刻在想这个问题。

在我离开敦煌网之前发生了一件事，因为这件事，使我下定决心离开工作了 5 年的敦煌网，去更高的平台开发自己的潜能。也因为这件事，我正式踏上了大数据之路。

当我在 INSEAD（它以蓝海战略闻名于世）念书时，我常会思考，我的蓝海是什么？所以我急需指引。这时候我的好朋友正在筹备一个和斯坦福大学合作的高级管理课程，讲课的是一位世界级的教授哈雅格里瓦·拉奥（Hayagreeva Rao），主题是“如何才能做到颠覆式创新”。当时我是敦煌网的首席产品官，绝对不能错过这个学习机会。更巧的是，因为主办者是我的好友，安排我做那位教授的“导游”。这次经历再一次改变了我人生的轨道。

哈雅格里瓦教授是业界名人，约他见面都很难，更不用说能和他一对一地吃饭聊天了。但我还是硬着头皮约他吃饭，意外的是他竟欣然应允。那晚我请他吃北京最好的素斋馆，他赞不绝口。吃饭的时候他无话不谈，聊了很多东西。而我一旦有机会，我绝对不会放过任何一个学习的机会。

我直接开门见山地对他说：“你可以做我的导师吗？”他直截了当地回答：“你想从我这儿学到什么？”我也直言不讳地回答他：“我想比别人厉害。”

教授不慌不忙，缓缓喝了口茶，告诉我："想比别人强很简单，但先得回答一个问题。你慢慢思考出答案，再告诉我。问题就是：假如你是一件产品，市场会需要你吗？"

其实我当时是蒙了的，我一个大活人叫我把自己比作产品？哈雅格里瓦教授是做企业出身的，有一部作品叫《*Market Rebels*》。面对市场的从业者必须要时刻准备接受被背叛的风险，所谓的"背叛"即创新的逆转有时比你想象的更毫无先兆，比如大数据的风潮，即便是资深的业内人士有时也会始料不及。教授的想法异于常人也并不奇怪。但如何把自己比作产品？

教授看出我脸上转瞬间的疑惑，他告诉我："**人的价值很大程度上取决于人们对他的认可，而产品却取决于市场的需要。**"意思非常简单，市场是简单粗暴的。今天诺基亚的塞班系统不思进取，明天就会被苹果的IOS系统打败。当你孤芳独赏以为自己是保时捷的时候，人家已经在迎接即将"背叛"你的未来汽车特斯拉。适应潮流，避免被背叛的唯一方法就是更新个人的"思考软件"，相信未来所有产品都是数据产品，包括人类自己。

教授叫我把自己比作产品，是为了让我跳出人固有的主观性，让自己变得绝对理性。我很认真地想了这个答案，最后给他的答案是：我会用市场营销组合里的4P理论分析自己的定位。

- Promotion（促销或宣传）。作为产品，你功能再好，也需要让市场知道你的存在，不然只能被市场埋没。

- Price（价格）。你必须对自己有一个认知，给自己定一个合理的价格。必须在价位上做到不卑不亢，如果妄自菲薄，别说你会被市场背叛，你自己也会背叛你。
- Place（渠道或地点）。你若开一家餐馆，你将餐厅开在垃圾堆旁谁会去吃啊？但你又不能超出预算，你将一家云吞面店开在香港铜锣湾，光租金你就回不了本，不是吗？所以，必须对自己有一个合适的定位。
- Product（产品）。顾名思义，前三个 P，都是以产品为中心的。将自己比作产品，你的功能是什么？这个功能的需求正在增加还是减少呢？一个能配合自身能力的"产品"必须不断创新，适应市场而又配合先天的优势，就能在"市场"上脱颖而出。

这个答案教授很满意，但真正让我突破临界点的，是教授后面所说的话。他语重心长地跟我说："品觉，你的出现会为别人带来什么样的变化？"我心想："教授怎么突然和我说这个？"教授接着说："如果想超过前 5% 的人，那你就必须明白我这句话，等你明白了这句话，也就不用再找我了，因为那时你一定是'出将入相'了。"

细细解释教授的话就是，你的出现，会改变别人吗？能否影响别人？你的潜能，是否可以改变别人，改变别人的生活、行为、想法，甚至未来的经历？对于在当时遇到瓶颈，不满足自己的成就，一心只想寻找更高平台的我来说，太不可思议了。就像我们做数据分析的，也希望自己的数据分析可以帮助别人，引领市场、同行以及大众的行为。

“品觉，这个问题你要时常问自己。”教授非常赞赏地对我说。这件事，我一直铭记在心。如果你可以时刻将自己视为市场上的产品，而你对这个市场的洞察力足以改变你一生。你要时刻嘱咐自己，你的出现会为别人带来什么样的变化。配合自己的核心竞争力，就算达不到独孤求败那样的“孤独”，你至少也“觉”了。也正是那时，我将自己的未来定位在学习如何使用大数据去驱动企业的课题上，从此“数据化”就成了我改变自己亦改变他人的“产品功能”。

因为教授的点拨，我辞去了敦煌网的工作加入了支付宝，告别了产品经理的世界，踏踏实实走进了颠覆世界的大数据时代。常常觉得教授在时刻提醒着我，市场是背叛成性的，你要时刻知己知彼。各位朋友，今天，你影响其他人了吗？

处于竞争残酷的商业市场，时刻将自己比作产品，问问自己：市场环境如何？定价对吗？核心竞争力是什么？你让多少人知道了你的存在？

有一种神奇的力量叫“舍得”

自2006年开始，我幸运地悟到了“舍得”的神奇力量，它无异于心灵鸡汤，让我一步步去践行快乐人生。因舍而得，得而后舍，10

年来我进入了舍舍得得的循环中。在学习自利、利他的过程中，我慢慢做到了觉悟。

世上似乎有一股神奇的力量，它很少被人重视，它就存在于你身边。当你舍掉的东西越多，你得到的东西就会更多，在你不求功德回报，舍掉自己的身外之物去帮助别人时，你会得到更大的福报。这些福报不是你有心求来的，而恰巧是因为你无心而肯舍。**舍与得，从来都是一个神奇的循环，进入“舍与得”的循环之后，你会发现，像滚雪球一样，你的福德会增加，你的智慧会增长。**

舍与得的神奇力量，来自一次助学旅行。没有这次旅行，我不会有今天的这点成就。甚至，也许我会因为自己的傲慢而摔得很惨。

那次助学旅行，我去了一所学校。说是学校，不如说是一间小木屋。40 平方米的屋子挤了 50 几个孩子，有的与我女儿同龄，有的还没有我女儿大。孩子们上课、学习、吃饭、睡觉，都在这里。他们的困苦，已超出人们的想象。我当时就哭了，打心眼里舍不得孩子们。

要负责孩子们的各种费用，一个孩子一个月 100 元，50 个孩子也就是 5 000 元，对于当时的我来说，其实压力还是有的，但我最终承担了这件事，似乎我和这班上的孩子们是互相依靠的。每当我在人生之路上失去方向时，我总会想起我的使命。而这一切只是个开始。

为了这些孩子的温饱冷暖，我开始了自己的“敛财”之路。我开了一家淘宝店，叫“桑珠贝玛”，卖些佛珠饰品，同时也开始了募捐之路，这一募捐一直持续至今日。我身体力行，深感舍与得的循环有多么神奇。

实在是没有能力资助这么多孩子时，我也想过放弃，但是孩子们那期待的眼神，瞬间让我的杂念烟消云散。我开始了持续至今的募捐之路，说是募捐，不如说是一种修行。也是从那个时候开始，我舍掉了作为高管的傲慢心，去寻觅别人的善心。刚开始真的很不适应，那时的我远未放下自己的傲慢。我最讨厌求人，作为阿里的高管，我也算有些名声，几乎从来都是别人找我办事，我很少去求别人办事，更不用说放下身段，去向别人“要钱”了。

一次、两次，大家也会卖我一个面子。但是日子久了，也难免吃点瘪。刚开始，还有些理由跟我说，后来，“没钱”是我听到最多的话。有一次，我向一个富翁募捐，富翁身家几十亿，但他却回答我，最近没有零钱。当然我有点不能接受。

听到那位富翁说没有零钱，也许大家会觉得很不应该，心想:“你那么有钱，又不是捐几个亿，捐个几万块怎么了？”其实这种心态是很不应该的。我的一位师父说的话非常经典:“有钱的人也是人，我们必须怀着一颗感恩的心去对待任何人。没有人因为有钱就有义务舍予他人，我们必须怀着一颗感恩的心慢慢引导他们。任何人启发善智时，都不能操之过急，更加不能道德绑架，这样会让别人离本该有的慈悲心越来越远。渐渐感化别人，才是善巧。”

今天，那位说没有零钱的富翁，每次接到我的电话时，都会毫不犹豫地说：“没问题，这次要捐多少。”就如支付宝的口号一样，因为信任，所以简单，面对信任，我只有更努力地回报大家。当然也有无论你怎么说都无法被说动的人，我只有尽力去做。

只有放下云烟之事，放下贪嗔痴，用低姿态去慢慢引导他人去感受舍与得的魅力，真正感受这份能量，才能真真实实地体验到善业的增长。虽然后来在阿里上市之后，募捐的压力小了很多，孩子的食宿费基本不会再有问题了，但我依旧会努力去求别人，不只是因为我习惯了。就算有钱了，也要让大家一起来完成这些暖心的事，善事大家一起做，大家一起舍、一起得。这样，哪怕下雪天，走在外面，心都是暖的。

这些年来我践行着“舍得”的理念，朋友越来越多，事业也顺利许多，再也不会过得昏昏沉沉、不痛不痒。我的朋友们受我触动，大家会一起做善事，一起修行。舍与得循环不息，生命越来越有意义。

慢慢品，慢慢觉

我常对团队里的人说，我情愿死在逻辑上。这与我老爸的 DNA 密不可分。

老爸是这样的人，他恨不得生活中发生的一切事情都在他的逻辑掌握之中。如果不是时代局限，他可能和我是同行呢。父亲是个工程师，逻辑严谨，这也解释了父亲为什么那么重视培养我的逻辑思维能力。用他的话说，生活中任何事情都有逻辑，必须抓住每一个机会来锻炼自己的逻辑思维能力，千万不要不在乎小事情。以前，我的粉丝常问我："车老师做大数据，从小一定是'学霸'吧？"每次有人这么问，我着实有点难为情，若要找个"大器晚成"的最佳代表，恐怕非我莫属了。为什么要感谢老爸？因为我从小做了很多错事，若是老爸的教育传统一点的话，我可能会被打得半死。但是老爸常将我的错事抛在一边，与我津津有味地研究"错事"本身的逻辑。

我上初中一年级时，非常贪玩。放学后不回家，经常跑到同学家去玩麻将，结果被某家长发现了。本以为回去会被揍得很惨，却没想到老爸直接跳过了我的"不学无术"，第一句话就问我"赢了，还是输了"。然后像模像样地和我讨论赢牌的技巧，以至于非要讨论出怎样赢牌的逻辑。例如，有些"菜鸟"摸牌时，如果放在右手边的牌很多，基本就是没有摸到什么好牌，因为摸到有配搭的牌，大多数人会放在中间，如此云云。父亲总说，麻将看似是游戏，其实非常考验人的观察能力，不是说要出老千，但如果想打好麻将，不会鉴貌辨色是不成的。在太多这样的事情中，虽然学习成绩一塌糊涂，但不知不觉间，我在任何不起眼的事上都会细细观察，找出其中的逻辑。夸张一点说，除了睡觉，我生活中几乎没有"无脑"的状态。

父亲清楚，人的命运是多变的，也意识到培养儿子的独立人格尤为重要。要独立，首先就是要靠自己的能力。我父亲与传统的儒家父亲不一样，他从来都不会“一夫当关”。记得我长大后，父亲在每当家里有事需要决定时，不会一人下决定，而是将我们兄弟几个都拉出来，投票！不光是投票，还要说说自己投票的理由。因为父亲认为，既然吃着家里的饭，就要担当起家中的责任，只要是家里的事，所有成员都必须“上朝觐见”，你投了票，就有了责任。

我在阿里时，大家都觉得我的思想很奇特，总是不按照套路走。我的左脑与右脑会打架，每次给年轻人上课，我经常和他们说：“小心，我的左右脑会伤害你们哦。”我感觉我是感性和理性的斗争体，不过幸好，这斗争是良性的。

父亲给了我很多，他给了我自力更生的能力，很多能力是花多少钱都买不到的。刚开始时我会有些埋怨，但也许就像我的名字一样，只有在生活的磨炼中，慢慢品、慢慢觉，才会发现父亲的良苦用心吧。

过去在香港，有条件的年轻人都想去英国留学，接受优质的教育。浪子回头的我也向父亲提出了留学的要求。父亲告诉我：“没问题，你去英国读书我绝对支持，但是你要记住，我只负责给钱，至于怎么温习，怎么查资料、写申请信，怎么考试，我一点都不会帮你。所有除了经济以外的事情，全部靠你自己。”对于一个 14 岁的孩子来说，自己申请留学，犹如面临人生大考。虽然经历了很多困难，但我还是自己完成了父亲开出的条件，父亲也很守信用，当即为我交了学费。

但是相比于这个挑战，在海外他乡求学的日子对于我来说，更像是个噩梦。

用一句话形象地比喻，就是把一个不会游泳的人，直接扔到了大海里，逼迫你学游泳一样残酷。甚至可以说，这更是我的“求生之路”。一个 14 岁的孩子，到了人生地不熟的英国，不熟悉当地文化，加上结结巴巴的英语，感觉非常孤独。一个人磕磕碰碰地找到学校，年龄又小，难免被学长欺负。我开始想念在香港时放学去同学家打游戏的日子，想念香港的叉烧饭（当时我还没开始吃素），想念亲人们。虽然这是一段最艰苦的日子，但也正是那段时间让本是一个懵懵懂懂、调皮捣蛋、没有形成价值观的我，被迫加速形成了独立的人格。我比别人早熟，我开始习惯了没有靠山，自己照顾自己，也习惯了一个人打拼。

这种习惯，让我受益至今。若是我没有经历这段艰辛的岁月，没有习惯一个人去闯荡，没有习惯没有退路，我不会有那么大的求知欲，不会走上这条充满挑战的求师之路，也就不会遇到那么多贵人。这其实很心酸，因为没有退路，我必须努力让自己变得更强才行。所以，没有父亲的这一步棋，我不会有今天的成就。如果说外公启蒙了我，那我的父亲就是我人生的第一位老师。

大家可能觉得我的父亲很残忍，怎舍得将自己才 14 岁的宝贝儿子扔到英国？父亲要我学会自食其力，这与他的经历有很大关系，很多经历让他养成了“要努力才有饭吃”的性格。其实父亲所吃的苦，远比异国他乡的我要苦涩得多。父亲生于富裕家庭，爷爷首创“美丽”牌香烟，在来香港之前，父亲过的是锦衣玉食的日子。只有人教他怎样花钱，没人教他怎么挣钱，连换衣服也要用人帮忙。家境不好后，也许是觉醒了，父亲非但没有留恋过往岁月，反而积极地面对现实。那时父亲对于英语一窍不通，但是他毅然要求报考当时很少有人敢报考的名校伊利沙伯中学。先不说有多难考，一所英文中学，对于一点不会说英语的父亲来说，光是语言这一关就难如登天了。尽管困难重重，父亲仍然在艰苦的环境下咬牙考上了，并且成绩相当不错。也许是得益于他强大的逻辑思维能力，在那么短的时间内父亲居然通过了英文考试。在那种压力下，父亲获得了当时令人羡慕的“铁饭碗”，最终得以在政府部门工作。

曾经有记者问我，父亲独特的教育方式会不会影响我的学业。我只想说，当父亲知道我大学毕业时，他哭了。父亲万万没想到，差点要进黑社会的儿子能顺利毕业，这让他难以置信。父亲曾经以为，我这个孩子就这么废掉了，没想到我还挺争气的。命运很奇妙，也许碰巧在那个时刻，彻底激发了他藏匿已久的父爱吧。

以天为师

“究天人之际，通古今之变。”这是汉代大家司马迁的名句。早在两千多年前的西汉，司马迁就意识到，人类若要悟出真正的大道理，离不开“天”这个大宝库。只可惜，实在是没有科技的支持，司马迁也只能无奈地“仰天”长叹。

“看天做人”表面上是消极的说法，然而观天这门学问在历史上从未停止过发展。随着“地上”的大数据不断延伸，人类社会的行为到底与“天”有多大关联，这是个很有意思的问题。

因交流学习的机会，我有幸与陈刚先生及斯坦福大学的教授张首晟会面于加利福尼亚。我们在一起谈天说地。望着山顶上浩瀚的星空，心里顿泛豪爽之气。

但愉悦过后，转念却想到自己已达知天命之年。我真的知天命了吗？天是什么？若是不甚了解，又何以为知天命？我便问陈刚先生：“什么是天人合一？”

陈刚先生的回答颇有哲学意味，又符合人性。他告诉我：“天人合一，无非三合：人与自然合，人与社会合，人与自己合。天与我们的联系何止是千丝万缕？人不是独立的个体，是这个宇宙的一部分，即便表象再繁杂，从整体来看，还是遵从一些简单的定律。所谓大道至简，即是如此。”

偌大的天空，与人到底有何关系？正好张首晟院士听到了我们的谈论。我便问了他相同的问题。

张院士的回答就比较偏科学了。他给了一个让我们都没想到的答案：“牛顿被树上掉下来的苹果砸到脑袋，疼痛之余，顿发苹果为什么是往下掉而不是往上升的奇想，冲破思想的束缚，终于发现万有引力定律。这难道不是天人合一的最好例子吗？”

愉悦的交谈很快结束了，我的思绪却一直停留在结束时的话题上。天是哲学，天亦是科学。哲学的天人合一，天乃是天道；而科学的天人合一，天，我想就是宇宙了。毕竟，不是还没有物质能够超越宇宙的体量吗？后来顿感震惊，我们常常说的天人合一，是否真的可以合一？这个天（宇宙），我们吃得下、合得上吗？

我们研究的互联网大数据，在诸大的宇宙面前，连小数据也算不上。最大的大数据，恐怕非宇宙莫属。

古书《太乙神数》就曾力图通过观察天象，汇总出数据（虽然现在看来很不完善），来判断古代中原地区哪里会有火灾，哪里会有大旱，从而起到一定的避灾、预灾的效果。有些还附上了天人感应的神秘色彩，比如星宿中著名的“荧惑守心”现象发生时，象征“兵乱大旱”“皇室易主”之类的大事即将发生。有时预测还算准确，但是，古人只不过抓住了一些特殊现象。要说完整的理论，恐怕就站不住脚了，要说理论体系，终究只是以偏概全而已。

自古以来，人类虽竭尽所能，但关联到的宇宙数据有多渺小？即便是布鲁诺用尽全力来捍卫哥白尼的日心说，以至于被教会烧死，但日心说亦难逃错误的命运。不可否认，前人已经很伟大了，即便是现在，随着科学技术的飞速发展，我们也只不过是在以偏概全的技术上有所增进，只不过方式进步了一点而已。

为什么这么说？在加州交流时，陈刚先生告诉我，贵州省已经有了全世界最大单口径的天文望远镜 Fast（“天眼”望远镜），其直径已经达到了 500 米，可以观测到宇宙 137 亿光年以外的电磁信号数据。

可能是职业关系，震惊之余我却在想，这个望远镜，会有什么作用，作用有多大。结果陈刚先生告诉我：“此望远镜投入使用之后，可以让我们对宇宙的数据收集呈指数级增加，我们绝对可以发现很多个类地星球。”

但是，与其他人想法不同，我认为数据是无限的，发现再多的类地星球，终究也只是数据罢了，并无直接意义。

古人力图通过夜观星象来尽可能地获取上天对人的影响，试图更好地规避自然灾害。现在我们拥有了全球目前最大的望远镜以及相应的辅助性科学技术，我们拥有的是否比夜观天象的古人更多了？而事实上，我们终究未能脱离局限，因为宇宙数据太大了，哪怕地球本身就是个望远镜，也不可能吃透“天”这个庞然大物。我们应该做的，就是用有局限但是先进的科学技术发现本源，发现规律，努力做到“天人合一”，来造福大地，并求得真知。

宇宙与地球之间有多少关联、有多少规律？有多少规律是对我们有用的？作为老数据侠，我很负责任地讲，有无数数据可用。世界上几乎所有的数据都离不开和“天与地”的关联。

望远镜带给我们最宝贵的，不是外太空的类地行星，不是 UFO，而是宇宙中数亿的星宿到底与我们地球上发生的现象有什么联系，并且提供宝贵的知识。

很奇怪吧？星宿与我们地球之间的联系？其实这并不奇怪，太阳可以让地球有四季之分，月亮对地球亦有潮汐力的作用。即便同为“兄弟”的其他七大行星，也同样对地球产生了千丝万缕的影响。太阳系可以如此，其他星系为什么就不可以？也许，我们地球上无法解释的自然现象，也与宇宙的活动有关，即使是已经由科学论证的现象，又有谁能肯定地说，人类一定是对的呢？

我几乎可以判定，天眼望远镜对宇宙的窥探，在宇宙这个最大的大数据中，一定会发生一次里程碑式的数据爆炸。无数的自然现象，与太阳风暴一样，都是通过宇宙来施加影响的，只是现在的我们还没有条件去一探究竟罢了。不过，相信这一天很快就会到来。

所以，真正做到知根知底，了解我们身边的现象，预测我们身边的灾害，吸收“宇宙大数据”的养分，是最明智的方法。大家不要忘了，最早的“大数据”，还是来自 NASA 呢。

敢于想象，勇于开拓，正是大数据的精神。我想，当我们将宇宙这个大宝库悟到极致时，真正的大道至简，也就离我们不远了。

THE
NATURE
OF
BIG DATA

结 语

如果有一天，你拿到了“数据天书”

2016 年，在香港知名的保利春拍上，一块素面翡翠挂坠拍出了 4 600 万港币（时价约 3 966 万人民币）的天价。让人匪夷所思的是，同年秋拍又成交一条翡翠项链，价值 2 650 万港币（时价约 2 285 万人民币）。

我关心这则新闻倒不是想做什么翡翠收藏家，而是我发现，在这两次高价拍卖活动的背后，有个宝石鉴定公司的品牌不断被提及：瑞士古柏林宝石实验室（Gubelin Gem Laboratory）。两件被高价拍卖的翡翠，都被古柏林宝石实验室鉴定过，并在报告书中都被给予了“Imperial Green”（帝王绿）的优质评价。这说明，不同翡翠通过鉴定的数据赋予了翡翠不同的价位与命运。

其实，翡翠鉴定早在它还是一块原石的时候就已经开始了。在中国传统的玉石行业有一门生意沿袭至今：赌石。熟悉这个行业的人都知道，原本玉石行业的玉石买卖是这样的：当你打算买一块玉石时，你在玉石市场看到的并不是一块经过打磨的玉石，而是一块表面质地和外观都跟山里石头看起来差不多的原石。所以在还没有切割开这块石头之前，买家并不知道它的实际价值到底有多大。如果想赌一赌这块石头里面的东西到底值不值钱，按照惯例，买家要找一个非常有经验的鉴定师傅，大致观察一下这个原石后，师傅只能根据有限的信息与过去的经验，为这块石头“眼测”估价，以供买家参考。而买家也只能根据这些玉石专家所说的信息，来判断这块石头到底该不该收入囊中。不知道数据分析师们对这个例子有没有似曾相识的感觉？一桩生意的盈亏全凭基于有限信息的猜想！

现在，让我们做一个大胆的假设。假设今天古柏林宝石实验室研发了一个突破性的鉴定仪器。随便一块原石在不需要任何切割或是钻洞的操作下，可以直接利用这台仪器得出这块石头里面究竟有没有宝石、含量多高、成色多好，以及它目前在市场上的交易行情等数据资料。利用这个高科技的鉴定仪器，买家在原石交易市场购买宝石时不再通过臆测，就可以精准地作出投资决定。毫无疑问，这台鉴定仪器的出现让玉石鉴定市场产生了一种所谓的“完美信息”。基于“完美信息”，买家有能力作出高品质甚至高回报的投资决策。那么，“完美信息”是会为玉石交易市场带来更多价值，还是颠覆性的改革呢？

在过去缺乏对原石的精准判断时，买家全然仰赖专家的经验与判断。而千百年来，玉石市场的利基就奠定在信息稀缺这一基础之上；如今，一个能够精准探测翡翠原石的扫描器出现了。这时候谁手中握有这项探测技术，谁就能在玉石鉴定市场拥有极大的优势甚至实现垄断。针对类似的例子，著名经济学家张五常教授就曾经说过：“一直以来，我便为某些信息浪费的说法所困扰。这个叫作‘挑选’的热门问题是由两位著名经济学家——杰克·赫舒拉发（Jack Hirshleifer）和迈克尔·斯宾塞（Michael Spence）提出的。简单而言，他们认为，倘若在寻找信息时的资源只会带来财富上的重新分配，而不能导致资源支配上的更动，那这些资源就会被浪费掉。”

把上面的例子加以延伸，今天的大数据与机器学习的结合也将会为不同的场景揭开稀缺数据时代的神秘面纱，并逐渐遍地开花。我在阿里时就曾参与设计了一款营销神器“Look-Alike”。通过机器学习，我们可以利用过去积累的客户消费特征（每个客户有高达上万个标签），作出精准推送广告的决策。有别于过去的广告规划，我们不会问广告主如何描述其目标客户群，而是让广告主给出500个喜欢某品牌的用户名单，我们就可以帮他找出5 000个，甚至5万个类似的客户。这种方法可以在几个小时之内快速“扫描”出最有效的营销方案。通过这项技术，我们基本可以实现让广告主喜出望外的精准广告投放效果。但问题是，这种产品真的能为广告业及阿里带来新的价值吗？这还只是大数据革命的开端，大家可以拭目以待！

大数据的终极发展趋势是在各个领域中实现“完美信息”的目标。

它恍如一本“无字天书”，帮助人类探索未知的世界。我认为，大数据与人工智能的发展仍然处于初级阶段，其真正的影响力会随着数字化社会、量子计算的逐渐成熟而浮出水面。当然，这到底是祸是福，就看人类有没有能力驾驭这本“无字天书”了。也许，未来拥有这种能力的企业仍然要讲究德位相配！

未来，属于终身学习者

我这辈子遇到的聪明人（来自各行各业的聪明人）没有不每天阅读的——没有，一个都没有。巴菲特读书之多，我读书之多，可能会让你感到吃惊。孩子们都笑话我。他们觉得我是一本长了两条腿的书。

——查理·芒格

互联网改变了信息连接的方式；指数型技术在迅速颠覆着现有的商业世界；人工智能已经开始抢占人类的工作岗位……

未来，到底需要什么样的人才？

改变命运唯一的策略是你要变成终身学习者。未来世界将不再需要单一的技能型人才，而是需要具备完善的知识结构、极强逻辑思考力和高感知力的复合型人才。优秀的人往往通过阅读建立足够强大的抽象思维能力，获得异于众人的思考和整合能力。未来，将属于终身学习者！而阅读必定和终身学习形影不离。

很多人读书，追求的是干货，寻求的是立刻行之有效的解决方案。其实这是一种留在舒适区的阅读方法。在这个充满不确定性的年代，答案不会简单地出现在书里，因为生活根本就没有标准确切的答案，你也不能期望过去的经验能解决未来的问题。

湛庐阅读APP：与最聪明的人共同进化

有人常常把成本支出的焦点放在书价上，把读完一本书当做阅读的终结。其实不然。

时间是读者付出的最大阅读成本

怎么读是读者面临的最大阅读障碍

“读书破万卷”不仅仅在“万”，更重要的是在“破”！

现在，我们构建了全新的“湛庐阅读”APP。它将成为你“破万卷”的新居所。在这里：

- 不用考虑读什么，你可以便捷找到纸书、有声书和各种声音产品；
- 你可以学会怎么读，你将发现集泛读、通读、精读于一体的阅读解决方案；
- 你会与作者、译者、专家、推荐人和阅读教练相遇，他们是优质思想的发源地；
- 你会与优秀的读者和终身学习者为伍，他们对阅读和学习有着持久的热情和源源不绝的内驱力。

从单一到复合，从知道到精通，从理解到创造，湛庐希望建立一个“与最聪明的人共同进化”的社区，成为人类先进思想交汇的聚集地，共同迎接未来。

与此同时，我们希望能够重新定义你的学习场景，让你随时随地收获有内容、有价值的思想，通过阅读实现终身学习。这是我们的使命和价值。

湛庐阅读APP玩转指南

湛庐阅读APP结构图：

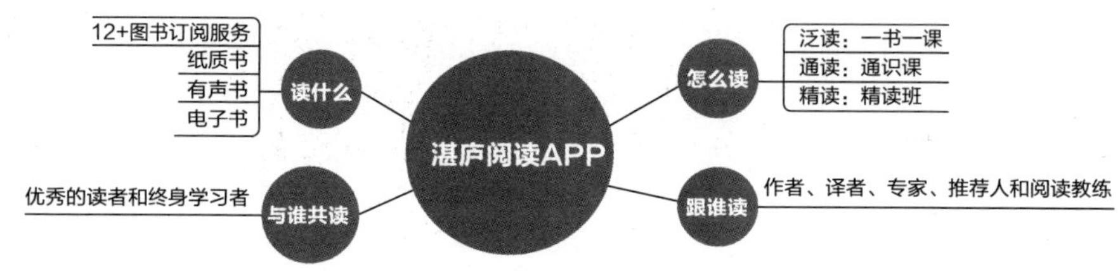

三步玩转湛庐阅读APP：

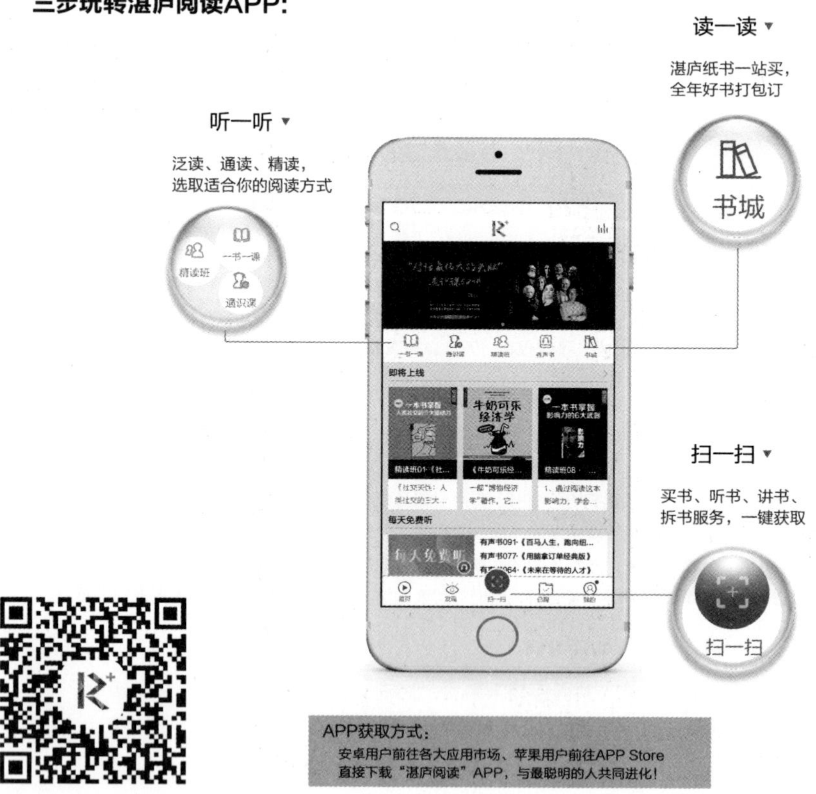

APP获取方式：
安卓用户前往各大应用市场、苹果用户前往APP Store
直接下载“湛庐阅读”APP，与最聪明的人共同进化！

使用APP扫一扫功能，
遇见书里书外更大的世界！

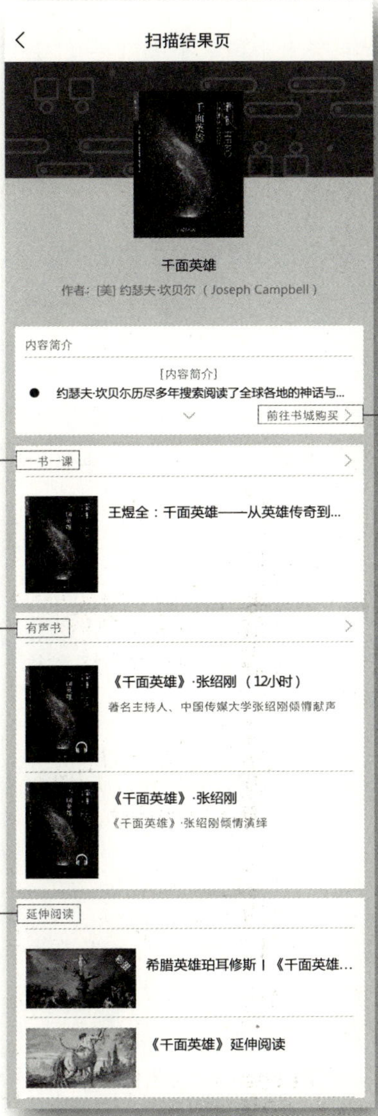

扫描结果页

千面英雄

作者：[美] 约瑟夫·坎贝尔（Joseph Campbell）

内容简介

[内容简介]

● 约瑟夫·坎贝尔历尽多年搜索阅读了全球各地的神话与...

前往书城购买 >

快速了解本书内容，
湛庐千册图书一键购买！

一书一课 >

王煜全：千面英雄——从英雄传奇到...

大咖优质课、
献声朗读全本一键了解，
为你读书、讲书、拆书！

有声书 >

《千面英雄》·张绍刚（12小时）

著名主持人、中国传媒大学张绍刚倾情献声

《千面英雄》·张绍刚

《千面英雄》·张绍刚倾情演绎

你想知道的彩蛋
和本书更多知识、资讯，
尽在延伸阅读！

延伸阅读

希腊英雄珀耳修斯丨《千面英雄...

《千面英雄》延伸阅读

延伸阅读

《决战大数据》（升级版）

◎ 大数据实践的先行者，红杉资本中国基金专家合伙人，阿里巴巴集团前副总裁，首任阿里数据委员会会长车品觉首部个人专著全新修订！

◎ 一部全方位展现智能时代数据思维构建之道的实战巨作！风靡互联网界两年后，新增8万字纯干货，物联网、智慧城市、全域大数据、人工智能等热点悉数囊括。

《大数据时代》

◎“大数据时代的预言家”维克托·迈尔-舍恩伯格力作。

◎ 国外大数据系统研究的先河之作，一场生活、工作与思维的大变革。

《数据新常态》

◎ 2014年getAbstract国际图书奖获得者、商业数据系统与业务模式的设计者和创新者克里斯托弗·苏达克经验总结之作。

◎ 一幅大数据时代企业创新业务模式的路线图。

《人工智能时代》

◎《经济学人》2015年度图书。人工智能时代领军人杰瑞·卡普兰重磅新作。

◎ 创新工场CEO李开复专文作序推荐！

图书在版编目（CIP）数据

数据的本质 / 车品觉著. —北京：北京联合出版公司，2017.10
ISBN 978-7-5596-0994-6

Ⅰ.①数… Ⅱ.①车… Ⅲ.①企业管理—数据管理 Ⅳ.①F270.7

中国版本图书馆CIP数据核字（2017）第232384号

上架指导：经济趋势 / 智能商业

本书法律顾问 北京市盈科律师事务所 崔爽律师
张雅琴律师

数据的本质

作　　者：车品觉
选题策划：湛庐文化 Cheers Publishing
责任编辑：管　文
封面设计：WONDERLAND Book design 仙境 QQ:344581934
版式设计：湛庐文化 Cheers Publishing　杨静玉

北京联合出版公司出版
（北京市西城区德外大街 83 号楼 9 层　100088）
北京富达印务有限公司　　新华书店经销
字数 148 千字　720 毫米 ×965 毫米　1/16　14.5 印张　5 插页
2017 年 10 月第 1 版　2017 年 10 月第 2 次印刷
ISBN 978-7-5596-0994-6
定价：59.90 元